·2014·

平凡中的力量

北京榜样主题活动五周年
人　物　风　采　录

中共北京市委宣传部
首都精神文明建设委员会办公室

人民出版社

《平凡中的力量——北京榜样主题活动五周年人物风采录》
编写组

特约编辑　（按姓氏笔画排序）

王秀林　孙　旭　孙毅刚　杜维伟　沈　悦　张　程

张新建　苗玲玲　林郁毅　林春富　赵升云　夏　青

曹志铜　章　培

创意策划　北京艺品联盟文化传媒有限公司

代序一

中宣部授予“北京榜样”优秀群体“时代楷模”称号

（2019 年 2 月 20 日）

为深入推进社会主义核心价值观建设，自 2014 年以来，北京市持续开展北京榜样学习宣传活动，推出了一大批立得住、叫得响、传得开的榜样人物。北京榜样优秀群体，就是这些人物中事迹厚重、影响较大的 50 位年榜荣誉获得者。他们有的勇攀科技高峰，致力关键核心技术自主创新，在重大科技领域实现原创性突破；有的扎根城乡基层，服务一方百姓，办了许多暖民心、解民忧的好事实事；有的身残志坚，以永不言弃的精神拼搏奋斗，在人生的赛场上取得了骄人成绩；有的见义勇为，危急时刻挺身而出，用大无畏的行动保护了国家和他人生命财产安全；有的热心社会公益，积极参加岗位学雷锋和志愿服务，用爱和奉献帮助了群众、温暖了京城。这些源自基层、植根平凡、充满正能量的榜样人物，用实际行动深刻诠释了习近平总书记提出的首都市民“热情开朗、大气开放、积极向上、乐于助人”的优秀品质，生动展示了社会主义核心价值观建设的实际成效。

近一段时间以来，北京榜样优秀群体的先进事迹宣传报道后，在社会上引起热烈反响。广大干部群众认为，北京榜样优秀群体是新时代奋斗者的杰出代表，是美好幸福生活的创造者、守护者。他们在平凡的工作岗位上、普通的日常生活里，默默无闻地引领着新时代社会文明风尚，谱写了伟大的时代赞歌。许多北京市民表示，要向北京榜样优秀群体学习，胸怀大局、无私奉献，积极向上、助人为乐，以平凡的力量筑梦京华，为建设国际一流的和谐宜居之都、建设具有良好社会风气和道德风尚的文明城市，贡献自己的力量。

代序二

中共北京市委关于开展向“北京榜样”优秀群体学习活动的决定

（2018 年 11 月 8 日）

为了深入推进社会主义核心价值观建设，自 2014 年以来，全市持续开展“北京榜样”主题活动，各区、各部门、各单位坚持从社区、村和基层单位做起，层层选树、层层张榜、层层宣传身边榜样，宣传树立了一大批立得住、叫得响、传得开的榜样人物。这些源自基层、植于平凡、凝聚正能量的“北京榜样”，用实际行动对习近平总书记称赞首都市民“热情开朗、大气开放、积极向上、助人为乐”的优秀品质，作出了生动诠释。他们是新时代首都弘扬和践行社会主义核心价值观的先进群体，在平凡的工作岗位上、普通的日常生活里，默默无闻地发挥着美好生活建设者、创新时代领跑者、社会和谐维护者、优秀文化传承者的作用，引领着新时代社会文明风尚，谱写着伟大的时代精神。

为大力弘扬时代新风，培育时代新人，持续建设社会风气和道德风尚最好的城市，市委决定，在全市广泛开展向“北京榜样”优秀群体学习活动。

向“北京榜样”学习，就是要学习他们身上体现的首都市民优秀品质，时刻牢记首都无小事，做到胸怀大局、无私奉献，每逢首都北京举行大事盛事，总是满怀热情、积极参与，以实际行动参与营造热烈祥和、文明和谐的社会氛围，展示大国首都形象。

向“北京榜样”学习，就是要学习他们以执着的坚持、坚定、坚毅，自觉承担起单位、社会和家庭责任，做到助人为乐、见义勇为、诚实守信、敬业奉献、孝老爱亲、勤俭节约、热心公益、自强不息，把日常最平常的“小事儿”做成感动社会的善举，共同推动“善满京城”，为这座城市聚集向上向善的强大力量。

向“北京榜样”学习，就是要学习他们着力涵养“拼搏为美”的奋斗品质，为了首都更加美好的明天，撸起袖子加油干，把奋斗精神融于岗位、融于日常、融于人生。积极参加“周末卫生大扫除”“礼让斑马线”“门前三包”“蓝天行动”“回天有我”等社会服务活动，为有序疏解非首都功能、高水平建设城市副中心、推动京津冀协同发展，建设首都更加美好的明天贡献智慧和力量。

向“北京榜样”学习，就是要学习他们积极弘扬中华优秀传统文化，自觉当好中华优秀传统文化的传承者，为推进全国文化中心建设献策献力，推动优秀传统文化活起来、传下去。继续发扬中华民族优秀传统美德，立足家庭、立足学校、立足社会，热心参与“我们的节日”等文化活动，推动中华传统美德在全社会特别是广大青少年心中落地生根、开花结果。

各区、各部门、各单位要全面贯彻习近平新时代中国特色社会主义思想和党的十九大精神，深入贯彻落实习近平总书记对北京重要讲话精神，培养担当民族复兴大任的时代新人，开展向“北京榜样”优秀群体学习活动，自觉承担起举旗帜、聚民心、育新人、兴文化、展形象的使命任务，推动形成全市干部群众“学榜样　我行动”活动的思想自觉、行动自觉，继续弘扬和践行社会主义核心价值观，促进全市人民在理想信念、价值理念、道德观念上紧紧团结在一起，为建设国际一流的和谐宜居之都、建设社会风气和道德风尚最好的城市提供强大的精神动力和道德支撑。

目　录

2014 北京榜样十大人物

2014 北京榜样特别奖

2014北京榜样提名奖

2014
北京榜样
十大人物

[热心公益]　张佳鑫
[见义勇为]　金　汉
[诚实守信]　韩　冰
[敬业奉献]　陈敏华
[敬业奉献]　郑丹娜
[敬业奉献]　张鹊鸣
[敬业奉献]　斯蒂芬·马布里
[孝老爱亲]　闫志国
[勤劳节俭]　金九皋
[热心公益]　廖理纯

［热心公益］

夕阳再晨　灼灼其华——张佳鑫

张佳鑫，1990 年生，时为北京邮电大学 2012 级在读博士。发起“夕阳再晨”科技助老项目，三年服务十余万人次；发起“高校正能量联盟”，带动全国 81 所高校开展“网络文明倡导”等公益活动；践行着“90 后”青年公益的中国梦。

北京榜样
2014

夕阳再晨，让早晚彩霞相互辉映

“今天要教大家的是网上购物，叔叔阿姨们都去过什么平台?”

“淘宝、京东、1号店、亚马逊……”

“建议大家如果买书就去当当、亚马逊；买家用电器去京东；买家用小物品比如勺子、碗等日用品可以去淘宝……”

2013年12月7日上午10点，北京市海淀区蓟门里社区活动室里座无虚席，满堂都是已退休的老年人。而每位老人身边，还坐着位志愿者。讲课的是张佳鑫，北京邮电大学在读博士，也是“夕阳再晨”项目的创始人。

2011年5月，张佳鑫还在邮电大学读大三，他在校园看到希望工程宣传海报，于是找到孙玉婷、罗付池、尹蓬、赵莹莹、白群等13位同学，决定成立公益服务团队。

“我们希望帮助老年人学电脑，让夕阳焕发青春，变成朝阳。刚好，年轻人也是朝阳，‘夕阳再晨’就这样出炉了。”

辅导老年人掌握电脑技术

张佳鑫回忆说。

7 月暑假期间，“夕阳再晨”首次举办露天雪糕义卖，为项目筹款，成功筹集到 20%的活动经费。他们团队还得到校团委和老师们的支持。

张佳鑫一行人到社区了解需求。到中国有色工程设计研究总院后张贴海报，可第一堂课只来了五个人。“因为刚开始没经验，海报字很小，老人根本看不清楚。后来积累了一些经验，老人喜欢学什么，我们就去教什么，海报也做得内容丰富，字体变大。”张佳鑫笑着说。

现实中的网络平台上有专门针对老年人的网站，有些很

与社区老人交谈

不错，但有些网站也会存在欺骗行为，张佳鑫他们就在活动中，教会老人如何辨别网站的真伪。

北邮社区得知后，专门邀请张佳鑫他们去做安全讲座，防止网络诈骗。有些老教授虽然会上网，但是缺少网络安全知识。他们帮居民提高网络防范意识，筛选可靠信息，并推荐了一批可信网站。

三年来，张佳鑫和团队一起卖过雪糕、明信片、芦荟胶，派发过洗发水，和团队一起联系社区，通过义卖等方式，保证了活动的持续发展。现在，张佳鑫团队已带动起北京、上海、四川等地的 14 所高校，志愿者规模达五千余人。

提正能量，做社会创新的推动者

2012 年，张佳鑫团队在发展“夕阳再晨”公益项目的同时，又为高校公益组织提供了“高校正能量联盟”平台，以激发社会青年公益组织的活力。

目前，“高校正能量联盟”覆盖了北京大学、清华大学、北京邮电大学、中山大学、中国人民大学、华东理工大学、西南民族大学等全国 26 个省的 81 所高校公益团体。联盟每月定期召开公益研讨沙龙，针对青年公益组织发展中的问题，定向邀请公益导师进行培训交流。

联盟发起的“指尖上的公益”微博倡导活动，号召大学生用实际行动为身边的亲友点赞，理性慎思不传谣，铸造网络文明。活动得到国内外数千名大学生的积极响应。

2014 年 3 月 23 日，张佳鑫团队在京承办了以“提升大学生公益团队专业度，对接公益社会资源”为主题的高校正能量公益创业沙龙，全国 30 多所高校近 140 名大学生志愿者参加了此次活动。

公益青年，成为改变世界的种子

张佳鑫品学兼优，读博士期间发表的论文被国际顶级

SCI及EI检索收录，并获得了“三星”研究生奖学金、“北邮—安立”研究生奖学金、“罗德瓦尔兹”研究生创新基金一等奖等。

校园外，张佳鑫利用所学“绿色通信”专业特长，向社区居民普及手机辐射安全知识。雅安地震后，张佳鑫第一时间奔赴灾区，与当地红十字救援队一起发放救灾物资，慰问当地受灾学校。

校园内，张佳鑫认为公益无小事，在课余加入学生宿管会，用公益理念服务同学，耐心讲解灭火器使用方法，积极推广绿色校园理念。

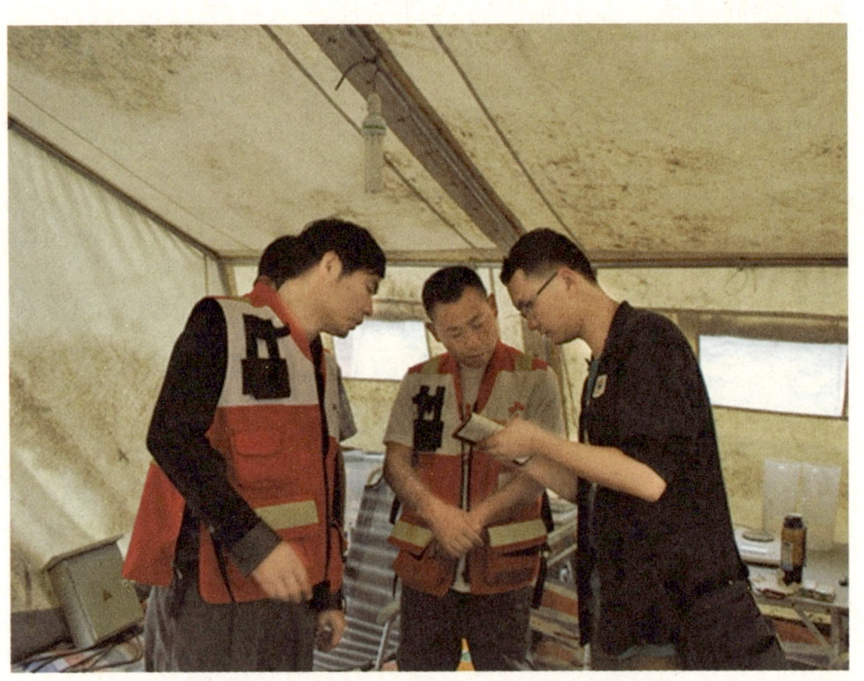

与红十字救援队商议派发救灾物资流程

“青年恒好”项目资助的代表

现在，“夕阳再晨”团队与中国青年报、中国社工协会、中国老龄发展基金会、北京市志愿者联合会等机构合作，完成由志愿者编写、修改的13堂课程讲义。

夕阳再晨，灼灼其华，青年公益，不负韶华。张佳鑫正带动更多青年成为“改变社会的种子”，成为推动社会创新的中坚力量。

遇歹徒 见义勇为——金 汉

金汉，1989 年生，北京人艺演员。2014 年 4 月 14 日晚，在东城区史家胡同路遇一对母女遭抢劫，奋勇踢倒歹徒，夺回被抢的女包。后被另一歹徒刺伤，身中八刀，经急救缝合十针。负伤后第八天，坚持登台演出。

北京人艺剧院演员金汉见义勇为的事迹被媒体特别是中央电视台《新闻联播》报道后，在社会上引起极大反响。人们高度赞扬金汉的英勇行为；同时对金汉带伤出演话剧《吴王金戈越王剑》，由衷钦佩。

“路遇不平一声吼”

2014 年 4 月 14 日 21 时许，金汉与女友行至史家胡同西口时，突然后面传来女人的尖叫声。开始金汉以为是小孩子在打闹，随后有女人高喊：“抓小偷！”“抢劫！”金汉回头一看，只见一男子手拿白色女包，正朝自己跑来。身旁的女友说：“金汉，有小偷！”顾不得多想，金汉上前一脚踹倒了歹徒，又用身体压住，夺回被抢挎包。

此时，另一歹徒突然从车后窜出，手持匕首连刺金汉数刀，金汉受伤后追出数步，被女友止住。两歹徒迅即逃离现场。被抢的赵女士母女赶了过来，受伤的金汉把包还给失

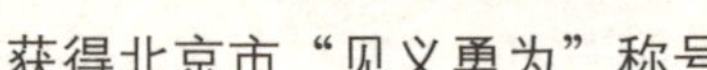
获得北京市“见义勇为”称号

主。而金汉却血流不止，越来越虚弱，必须立刻送医。其间，赵女士拨打 110 报警。金汉浑身是血，头部、肩部及臂部都被刺中，鲜血喷涌。

这时，刚巧有一辆出租车路过，见状减速停了下来，车上两位年轻人立刻下车让座。而好心的哥也不顾违章掉头，迅速将金汉送到协和医院急救。金汉女友随告人艺《吴王金戈越王剑》剧组，金汉受伤不能参加当晚排练。北京人艺

北京人民艺术剧院领导看望受伤的金汉

剧院领导、演员闻讯后赶到医院；东城公安分局干警也即刻赶到。

经协和医院救护，金汉身中八刀，左肩膀缝合七针，手腕缝合两针，头部缝合一针。其中肩部伤情最重，刀口距颈部大动脉仅五厘米。

金汉 1989 年出生于北京，2012 年从中央戏剧学院表演系本科毕业后进入北京人艺，目前已参演了《甲子园》《茶馆》《天之骄子》《哈姆雷特》《小井胡同》等十余部话剧。在艺术上，金汉对每一个角色都精益求精，力求完美。在生活中，他为人热情，乐于助人，处处严格要求自己，热心参加各种社会公益活动。

台上台下均“勇士”

金汉事迹被媒体报道后，中央戏剧学院教师们高度赞扬金汉的英勇行为，而话剧《吴王金戈越王剑》也引起学生的极大兴趣。在北京人艺剧院大家交口称颂金汉的见义勇为，不仅为北京人艺争了光，也为《吴王金戈越王剑》这部历史剧，赢得了更多的观众。

金汉受伤后，《吴王金戈越王剑》剧组本打算找演员替补，但金汉却坚持自己排练演出。

4 月 22 日，《吴王金戈越王剑》在首都剧场复排首演，金汉带伤登台演出。在剧中，金汉饰演勇士——越王勾践贴身侍卫伯武。剧中勾践伐吴，伯武之弟仲耕为国捐躯。面对剧中“弟弟”的遗体，伯武既骄傲又难过。演员金汉表演这一段时，念诵大段独白，感情充沛，极富感染力。

此次话剧《吴王金戈越王剑》由蓝天野、刘小蓉执导，邹建、卢芳、濮存昕、鲍大志等主演。84 岁的编剧白桦专程从上海赶来观看。

演出谢幕时，87 岁的蓝天野走上舞台，号召人艺所有演员向金汉表示感谢，认为：“金汉不只是做了一件见义勇为的事情，而是证明了年轻一代主流是正气，正能量，是为人民服务。”并称赞金汉是“北京人艺的榜样和楷模，大家都应该向他学习。”当金汉和蓝天野拥抱时，台下响起热烈掌声。

北京人艺党委书记马欣说："一点不意外，金汉平时就特正直，心眼也特别好。"

4月22日，北京市民政局、东城区民政局为金汉颁发了北京市人民政府制发的见义勇为证书、奖章、奖金。北京市民政局相关负责人表示，在此次事件中，金汉不顾自身安危，挺身救助，保护他人生命财产的行为，体现了见义勇为精神，为倡导社会正气做出了贡献。

令人欣慰的是，4月18日夜，抢劫并刺伤演员金汉的两名歹徒，被警方抓获。

话剧《吴王金戈越王剑》首演，全体演员返场答谢观众

“中华见义勇为基金会”领导慰问金汉

问英雄自有出处

金汉2008年考入中央戏剧学院，大一时专业课排名全班男生第一名，无论形体还是台词都很不错。平时金汉爱打篮球，经常参与学校的一些活动。他在中戏的表现，一向比较成熟，比较沉稳。与同学的关系十分融洽，能够真心对待朋友。在日常生活与学习训练中，金汉对同学会提一些建议和意见，真心帮助同学改进，让人既钦佩又感动。

中戏教师姜若瑜表示：“我教金汉四年，他在班里是个子最高的，人也很帅气。看到他见义勇为的新闻后，我一点也不惊讶。因为我觉得这个事儿他绝对会去做。再一个，我觉得金汉特别善良，特别有毅力，特别踏实，特别用心，特别朴实。”

金汉在中央戏剧学院学戏特别用心，有问题就向老师请教。往往是老师在一边讲解，金汉在一边琢磨。然后笑眯眯地说：“老师，我琢磨琢磨，放心吧，下次你肯定看见不一样的东西。”

金汉不但这样说，在课下对担任的角色也悉心练习，精益求精。功夫不负有心人，到了高年级的时候，金汉担任的角色越来越重要，对他的挑战也越来越大。很多教师知道，把一些角色交给金汉表演，心里特别踏实，而结果肯定是最好的。

在学习表演上，金汉不但具备持之以恒、非常用心的特质，本人也非常善良，心地纯洁得像一股清泉。他是用自己的身心，在塑造戏剧中的人物。很多时候，老师从金汉的眼神和身体语言里读到的密码是：我一定要当好演员，我一定要演好这个角色，我一定要上好学，演好戏。他质朴的心，感动了老师。

金汉身高 1.88 米，是个非常阳光的北京男孩。在中央戏剧学院，平常上表演课时经常开玩笑，说今天排喜剧，看谁能把全班都逗乐。然后大家会一起说：“金汉，金汉，金汉。”有时候金汉就要活宝，让大家开心，笑得不得了，是特别可爱的一个人物。

我献血我自豪——韩冰

韩冰，1977 年生，北京万泉缘出租汽车公司司机。有过军人经历的他在部队时得知自己的血型是稀有的 RH 型阴性血，俗称熊猫血，从那以后他坚持献血，在部队四年共献全血六次，献血量达到 2400 毫升。退伍后的他依然坚持献血，2001 年加入北京市红十字血液中心稀有血型爱心之家，成为一名献血志愿者，随时准备用自己的血液去救助他人。在爱心之家的十多年时间里，先后献血 50 余次，累计献全血总量 5000 毫升，成分献血 58 人份。

韩冰和一个名叫薛莲的小姑娘一家结下了不解之缘。薛莲家住江苏邳州，2013 年 8 月不幸查出患有急性非淋巴细胞白血病。在接受治疗三个月后，医生建议骨髓移植。于是，小薛莲从江苏徐州医学院转入北京大学人民医院儿科再次接受治疗。由于孩子的血型是比较罕见的 RH 型阴性血，每次化疗之后的血象变化都让全家人神经紧绷。2013 年 11 月，小薛莲结束化疗后，血小板突然大幅下降，情形十分危急，可是医院又没有库存。全家人焦急万分，不知道怎么办才好。万幸的是在徐州爱心组织的帮助下，薛莲的家人联系上了北京红十字血液中心稀有血型爱心之家，进而联系到了同样血型的韩冰。韩冰得知小薛莲的情况后，二话没说就在电话里答应救助这个从来没见过面的孩子。

君子一诺值千金。2013 年 11 月 21 日，韩冰在薛莲家人的陪同下为小薛莲捐献了两个单位的血小板，挽救了孩子的生命。韩冰还承诺如果孩子以后还需要输入血小板，只要自己身体条件允许，就会继续保障孩子用血。12 月 9 日，小薛莲化疗后又需要输血，韩冰抛开手头的工作，再次前往血液

工作中

中心捐献，并于当天抽取了两个单位的血小板，一个单位献给了小薛莲，一个单位捐献给了其他患者。

从 2013 年 11 月份的第一次救助至今，10 个月的时间，韩冰已经为薛莲无偿捐献血小板九次，累计 2340 毫升，一次次从病魔手里救出了孩子。最令人感动的是 2014 年 6 月 27 日，韩冰前一天晚上开出租车到凌晨 2 点多才回家休息，一大早接到薛莲父亲的电话说孩子情况很危险。韩冰不顾疲惫的身体直接开车去了血液中心。在抽血的时候因为劳累，迷迷糊糊就睡着了。薛莲的父亲说韩冰给了孩子第二次生命，韩冰是孩子的再生父母。

2014 年 1 月，韩冰在给小薛莲献血的时候了解到她们全家将在北京过春节，考虑到她们在北京举目无亲，就邀请她们到自己家过年，但是薛莲的父亲怕给添麻烦没有同意。考虑到薛莲家人的顾虑，韩冰也没有太坚持，于是邀请他们在春节的时候一同去逛庙会，体验北京的春节氛围。大年初三那天，韩冰带着自己的孩子和薛莲一家一同去了北京地坛庙会。或许真的是因为孩子体内流着韩冰的血，韩冰说那天薛莲和他格外的亲，以至于自己的儿子都有些吃醋了。

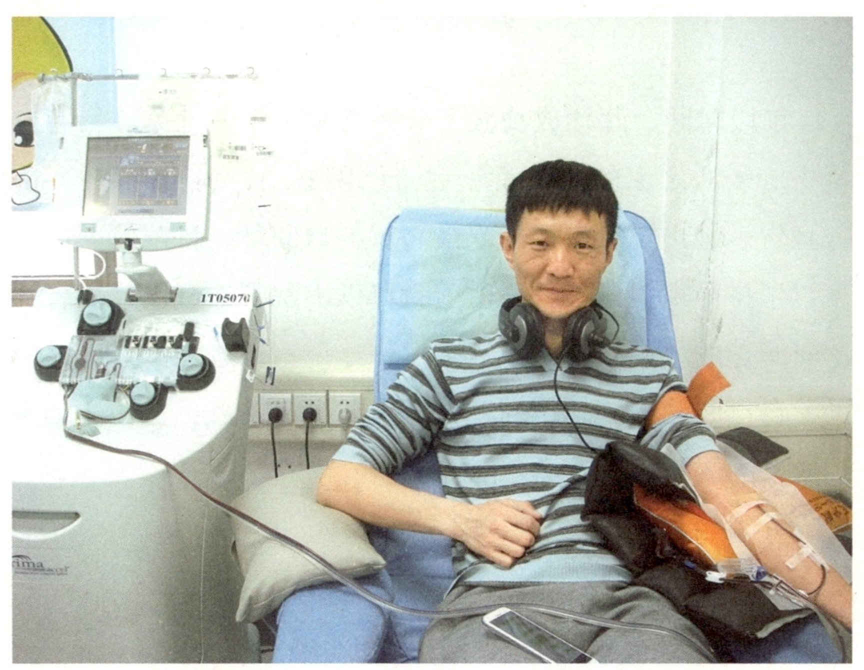

献血中

韩冰和小薛莲

前段时间，薛莲成功做了骨髓移植手术，韩冰和稀有血型中心爱心之家的志愿者一起去医院看望，为小薛莲打气，并且告诉她出院后带她去吃最喜欢的自助餐。目前薛莲已经度过了排异期，再过一段时间就可以出院了，这也代表着韩冰对薛莲的救助即将结束。不过韩冰说，通过一年九次的救助，自己和薛莲一家人的感情越来越深，他会一直关注小薛莲未来的成长。

[敬业奉献]

这是技术更是爱的艺术——陈敏华

陈敏华，1946 年生，北京肿瘤医院超声科首席专家。在医学领域的多项开拓为国际认可；诊疗的 1200 余例中晚期肝癌，5 年生存率 47%，达到国际先进水平；因担心日后不能做射频手术，就毅然放弃安装心脏起搏器，每天靠药物和吸氧维持。

在北京多家大医院，很多医生遇到疑难时都会想到一个人：“去找北京肿瘤医院超声诊断科的陈敏华主任。”而更多医生说：“参照她的超声诊断，可以放心上手术。”

我国每年新发肝癌病人超过32万，很多是晚期难以手术。陈敏华经十年探索，在国内率先开展射频消融治疗肝癌，取得成功。经她治疗的1200余例患者，5年生存率47%，达到世界先进水平。

开拓进取　刻苦钻研

20世纪80年代，陈敏华周末常骑车到患者家走访，推荐并帮助做进一步检查，最终定义出胆管轻度扩张的病理意义及诊断标准，她的首创被国际上称为“陈氏法”，代表了中国在该领域的国际水平。

1985年，陈敏华合著完成的《肝癌穿刺活检及早期癌超声诊断研究》论文，获得卫生部首届肿瘤大会优秀论文一

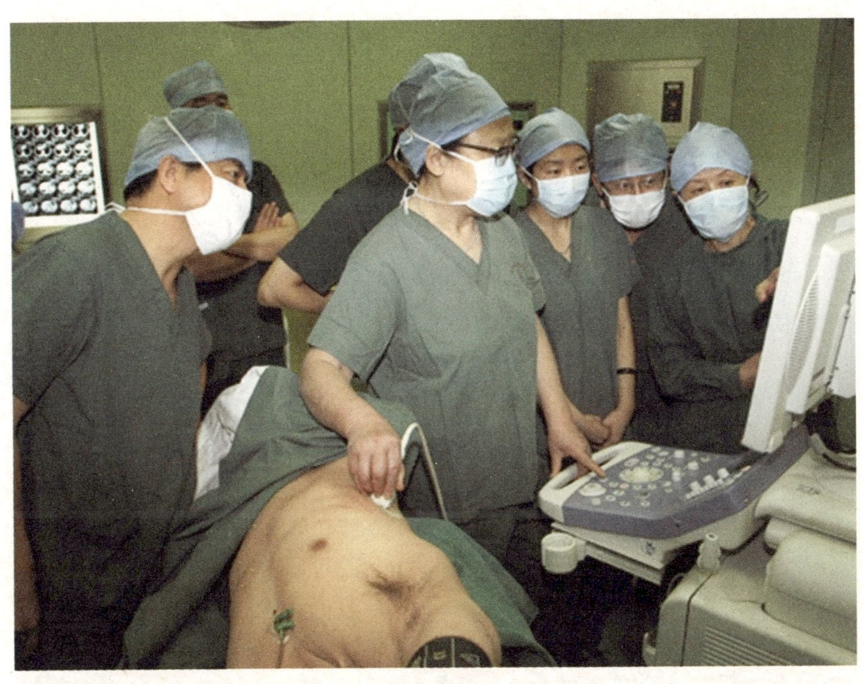

正在会诊

等奖。

1987 年，陈敏华在日本留学，其间完成了彩超及超声造影等多项研究，发表了数篇论文。

2001 年，陈敏华主持的“实体瘤超声诊断”通过审核，被评为北京市重点学科，获首届“首都医学发展基金”。

2002 年，陈敏华承担新一代超声造影Ⅲ期临床实验，继而提出中国诊断标准，引起国际高度重视。在第九届东京国际超声大会上，她和研究生出席并发表论文，被英、美、日本专家誉为“中国年”。

心系患者　医德崇高

陈敏华常常前一天工作至半夜，第二天又去查房。她无数次拒绝患者和家属的红包，说："得了病已经很不幸，我们更应该理解、关爱他们。"

20 世纪 80 年代，北大医院颅脑外科找到陈敏华，一位 9 岁女孩需要手术，但病灶定位是个大问题。当时领导提醒："这个禁区，还无人敢闯啊！"陈敏华用"对称结构排除法"成功进行手术，现场一片欢腾。而此时，陈敏华的汗水已将

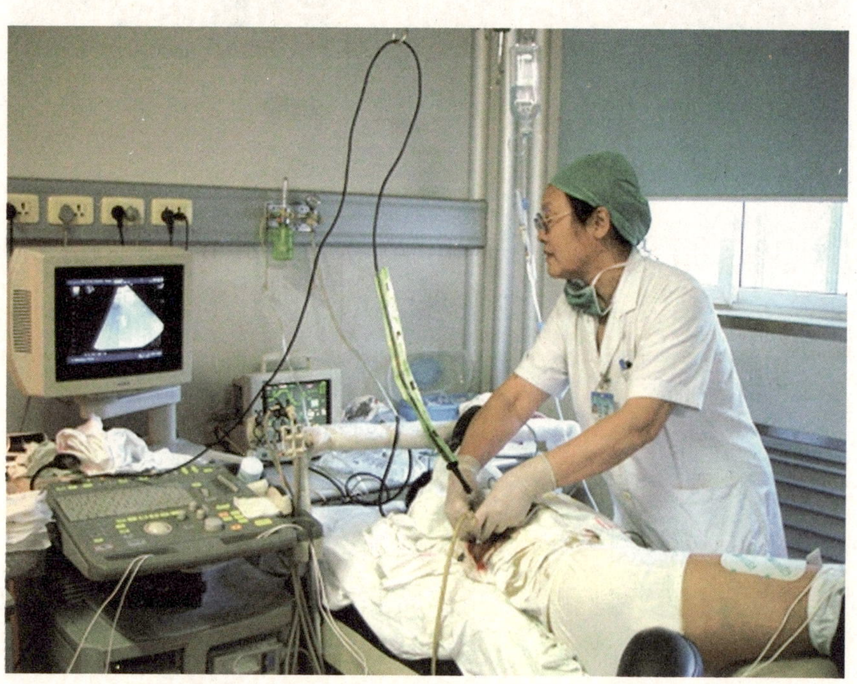

术后查床

医者仁心

手术衣湿透。

一位满洲里男青年，在多家医院活检“未见肝癌组织”，正高兴回家。陈敏华放心不下，一直追到院外，再三说服做进一步检查。最后病理报告是一例罕见分胆管癌，经她手术后，病人恢复良好。患者称她为“救命恩人!”每年都来探望她。

北大生物系研究生小彦，毕业时发现肝癌，考虑到自己家境贫寒，便放弃了治疗。陈敏华多次打电话，还给捐了1万元钱。经几次治疗，小彦的病灶消除了。出院那天正是圣诞节，陈敏华送出大门，漫天大雪飘来，小彦鞠躬道：“妈妈，我无以为报……”陈敏华说：“孩子，相信我！你一定会好起来的！”边说边解下自己的围巾给小彦围上，目送他走向新的生活。

如今，小彦走入了婚姻殿堂，并已前往美国攻读博士学位。

一位医学界德高望重的专家，肝内多发肿瘤，由陈敏华主治。手术中，病人血压骤降；陈敏华从容应对，采用由她创建的“塔形消融止血法”成功止血，让在场的医生叹为奇迹。

她的医德医术，化作春雨，播撒在人间，多少患者给她写信、赋诗、送锦旗。有患者临终前，还托家属给她打电话，以表谢意。许多遗属都成了她的朋友。

爱岗敬业　培育人才

陈敏华心脏病严重，需要安装起搏器。手术前，医生告诉她，安装了起搏器，就不能为病人做射频手术了。她听了，毅然从病床跳下来，决心不安起搏器。现在，她每天靠药物和吸氧维持。

陈敏华尽心培养研究生，热情扶植年轻医生，白天教他们诊疗技术，手把手地讲操作；夜晚和他们探讨课题，常常谈到第二天凌晨。她为学生修改论文，每每放下自己的稿件和课题，密密麻麻写满修改意见。科室人说：“没见过你这样的导师，要把自己累死啊！”

几十年握笔书写，陈敏华的指纹被磨平，出国时无法留指印。她的中指第一关节已畸形不能平伸，局部皮肤一层厚厚老茧。几十年中，她平均每年要用三块橡皮，每块用到黄豆大小还舍不得扔掉。

多年来，陈敏华在国际著名医学杂志发表论文三十余篇，在国内发表论文三百余篇。

如今，她依然忙碌在临床一线，工作日程排得很满，几乎没有节假日……她被全国多家医院聘为首席教授，特邀专

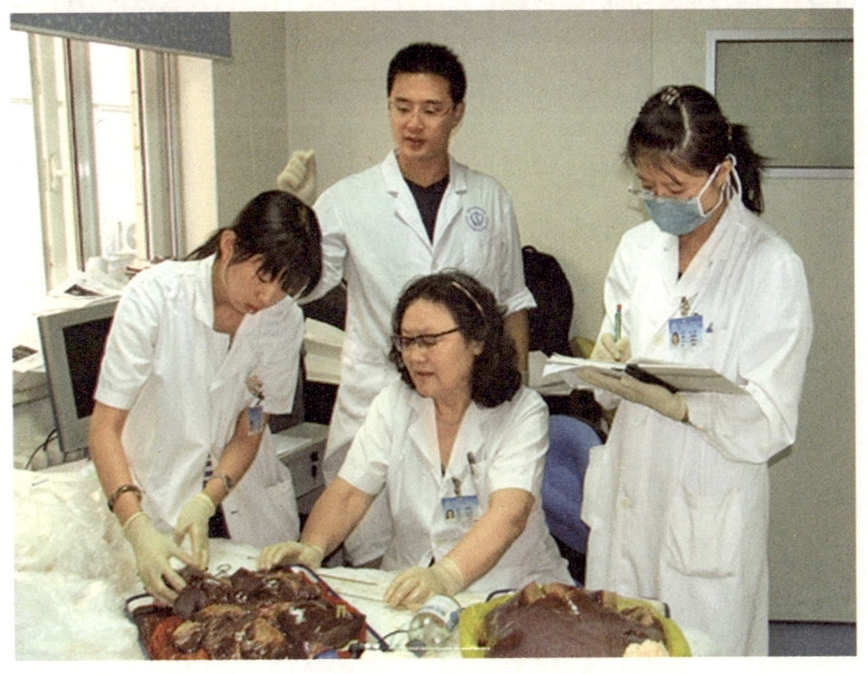

带领医生做医学科研

与外国专家交流合影

家。忙碌的陈敏华操劳得忘了时间、年龄、身体，顾不上照顾年迈的老母、多病的丈夫和极需帮助的孙儿。

［敬业奉献］

把悄悄话说给她听——郑丹娜

郑丹娜，1973年生，北京市朝阳区垂杨柳中心小学教师。1993年师范毕业后，被分配到垂杨柳中心小学，教语文课，第二年开始担任班主任，对教学工作尽职尽责，同时非常注重学生的心理健康，创造了充满爱心与智慧的“悄悄话”、“心情晴雨表”等独特的教育方法；是全国先进工作者、全国模范教师、全国优秀班主任、北京市十佳班主任。

对学生们来说，郑丹娜虽然是老师，但更像妈妈一样亲切。他们叫她“妈妈老师”，也把她称为“我们的大朋友”。

刚参加工作时的郑丹娜，把教育看得比较简单，以为只要肯下功夫，把学生“盯紧了、看住了”，不愁班级学生成绩和常规考核上不去。为了树立威信，她故意装出严肃的样

生活照

倾听

子，对学生们非常严厉。一段时间下来，她带的班级无论是学习还是纪律，都在学校名列前茅。但久而久之，郑丹娜发现，要想真正走进孩子的内心世界，并不是一件容易的事。经过一番思索，她决定改变自己的教学和管理方法，用爱打动学生，做他们的朋友。正是在这样的想法下，郑丹娜开创了自己独特的沟通体系。

1998 年，接手自己的第二批学生时，她特意为每名学生准备了一个名叫“悄悄话”的小本子，让孩子们把心里的悄悄话写在本子上，然后她再一一回复。在本子里，孩子们告诉郑老师各种各样的事情：发现小乌龟下蛋时的新奇、与好朋友争吵后的无奈、被父母误解时的委屈，甚至对老师的小小不满……渐渐地，“悄悄话”成为郑丹娜和学生之间交流感情的桥梁。郑老师对每一则悄悄话的认真回答、耐心引导，让学生们都愿意把心里的悄悄话说给她听。郑丹娜也因此知道了孩子们不少的秘密、疑惑以及困难。

班里的小建波在“悄悄话”里告诉郑丹娜，自己的妈妈得了癌症。“老师，妈妈疼起来的时候直抓头发，我心里难受极了，我该怎么办……”孩子无助的诉说让郑丹娜的心久久不能平静，她买了水果和营养品去探望孩子的妈妈。由于喉部病变，已经说不出话来的孩子妈妈，紧紧拉着老师的手，眼泪止不住地往下落。郑丹娜忍着眼泪，贴心地对她说：“建波就是我的孩子。”

在郑丹娜教育思想研讨会上，郑丹娜老师在给学生上课

从那以后，郑丹娜真的把建波当成自己的孩子。孩子生病了，她冒雨到家中探望；孩子升入中学后，郑丹娜特意赶到新学校，向学校和老师介绍了他家的情况；孩子的妈妈去世后，郑丹娜第一时间赶去安慰孩子……现在，孩子已经小学毕业多年，郑丹娜仍然定期到孩子家去探望，用短信和孩子说悄悄话。前不久，孩子用短信发来了一段悄悄话："郑老师，告诉您一个好消息。这次考试，我是年级第一名。我一定为您争气，我的恩师妈妈!"

从 1998 年到现在，一届届学生来了又去，郑丹娜的"悄悄话"仍在坚持。师生之间的对话写满了四百多万字，相当于十来部长篇小说的文字量。在小本子上"听到"的悄悄话，使郑老师愈发关注孩子们的情绪变化。她在教室的墙壁上挂了一张"心情晴雨表"，每个孩子都有自己的一栏。每天早上，孩子们在心情表里画上笑脸或哭脸，表示自己的心情。看看心情表，郑丹娜就知道今天谁最需要关心。

有一次，一个内向的小姑娘在晴雨表上画了个哭脸，原来是另一个小姑娘用破旧的空竹棍换走了她崭新的小棍，这让她很伤心，却又不知该怎么办。看到心情表、了解情况后，郑老师用小空竹棍的口吻给那个拿了别人空竹棍的小姑娘写了悄悄话："亲爱的小姐姐：我是你好朋友的空竹棍，不小心走到了你的位子里。天气越来越冷，我很想念我的主人，求求你把我送回去吧。我在这儿不是帮你，是破坏你和好朋友的关系。"

给学生上课

无声的教育打动了孩子的心，小姑娘不仅还回了空竹棍，还给自己的空竹棍刷上了清漆。她举着换了新装的空竹棍找到郑丹娜："老师，我知道错了，我给自己的小空竹棍穿上了新衣！"

孩子们总会犯错误，彼此之间也常会产生矛盾，郑丹娜始终抱着严谨负责的态度予以解决。她常说，成绩的好坏只是暂时的，但心灵不健康却会毁掉孩子的一生。

而孩子们的身心健康，只有在老师和家长的共同努力下才能实现。因此，郑丹娜要求自己与家长做好三个"一"的沟通：每晚主动与一位家长电话交流；每周利用博客与家长进行一次育子问题研讨；每逢孩子生日等特殊的日子给孩子发送一条问候短信。在与家长的交流中，郑丹娜要求自己不指责、不抱怨。她汇报孩子的进步与成长、劝慰望子成龙的父母、提供解决问题的策略。被她的真诚所打动，家长们都愿意将心里的悄悄话说给她听。郑丹娜开创的“悄悄话”沟通方式，不再局限于她与学生之间，也成了她和家长们的交流方式。网络普及之后，郑丹娜还开辟了飞信、博客等新的交流方式，“升级”后的悄悄话成了她和家长的又一座心桥。连续几年，她在每周五的晚上花几个小时，利用博客与家长进行育子问题的研讨。

郑丹娜付出着、成长着、收获着。她的教育理念“全接纳慢引导”逐渐形成。“全接纳”，是接纳全部的孩子和接纳

和学生在一起

孩子全部的感受；“慢引导”，是把教育还原成一个成长的过程，慢慢适应学生的身心变化。她将自己与学生、家长交流中的感想和思考集结成册，写成了《中国孩子成功教育法则》《全接纳慢引导——心灵的教育》两本著作。

如今，郑丹娜在教委、学区、学校几级领导的帮助下建立起“班主任工作室”，利用业余时间组织老师进行班主任“沙龙研讨”，给全区的新班主任做培训。在她的带领下，工作室的 16 位核心成员中有 3 位老师获得北京市紫禁杯班主任特等奖，11 位老师被评为北京市紫禁杯班主任，6 位老师被评为朝阳区十佳班主任。

桃李不言，下自成蹊。郑丹娜用自己的力量影响着更多教师，呵护着更多学生快乐成长。她以严谨的治学态度、独特的教育理念，向广大民众展现了一个在平凡岗位上默默奉献的教师形象，增进了教育、教师与广大民众间的融通。

[敬业奉献]

对乘客春天般温暖——张鹊鸣

张鹊鸣，1981 年生，北京公交集团公司 387 路首席乘务员。熟悉北京八百多条公交线路，被称为“北京公交活地图”；回答乘客的询问既耐心又准确；踏勘过上百万公里公交线，记录了上万站点；编著了二十多万字的《鹊鸣公交速查词典》；借助多媒体，让更多乘客受益。

张鹊鸣，人称“北京公交活地图”。2000年参加工作的他，现在是北京387路首席乘务员。每天一上班，照看乘客上下车，为病残孕老找座位，给外地朋友指点迷津，为旅游者推荐景点，让美食家寻到菜肴酒家，成为他一天的常态。

双脚走出来的活地图

“请问，传媒大学怎么走?”张鹊鸣听到乘客询问，立刻说:“您到‘安贞桥西’下车，下车之后去马路对面换731路公交车。”张师傅的回答，让乘客既踏实又温馨。

张鹊鸣说，他能够记住北京90%的公交线路，除了新开通的一些专线，其余的基本都已掌握了，他说:“我还没来公交公司时，就喜欢琢磨公交地图;来公交公司上班之后，研究公交地图，已成为我生活的一部分。”

他在周末或节假日，常常乘车出发，对公交线路和车站实地勘察。

节假日期间，在北京西站公交站为乘客服务

北京昌平区有个“高崖口”，很多人听着都陌生。有一次，张鹊鸣真被乘客问住了，因为回答不出来，心里特别扭。此后，他决定去“高崖口”走一遭，实地踩一踩。

北京 357 路公交车起自“昌平东关”，到终点“高崖口”有 28 站，居然还有好几条支线。在等了一个多小时后，张鹊鸣才坐车上了“高崖口”。没想到，上山容易下山难，往回要等两个小时才发车。张鹊鸣索性凭着记忆走下去，可路上全是岔道口，已经分辨不清，就这样一边问一边走，从早上 9 点开始下山，一直到中午 12 点才到了山脚下。到现在，他还忘不了当时差点迷路的场景。

千辛万苦编公交词典

张鹊鸣所在的387路公交车，是从“北京西站”发车，途经“西直门南”等多个重要站点，车上外地乘客多，问路也特别多。日子一长，张鹊鸣就想着编写一本公交换乘地

暴雨中为乘客撑起爱心伞

劳动模范“公交活地图”

图，把一些景点、名胜古迹、学校、医院等涵盖在内，乘客上车翻翻地图，就能一目了然。

有了公交换乘图的设想，张鹊鸣就想方设法去实现。为让每条线路准确无误，他不辞辛苦，一条条实地探查，认真抄写每个站名。他回忆说：“我抄写的站名有上万个，差不多A4纸一张一张画，大概得有三十多张。”

2006年，一本二十多万字由张鹊鸣编著的《鹊鸣公交速查词典》问世，这本词典成了不少公交人员的常备工具书，也给乘客带来极大方便。

虽然编写了《鹊鸣公交速查词典》，但是遇到乘客问路，张鹊鸣不会说“你去查我那本字典吧!”他总是耐心给乘客建议，根据他们的实际需求，提供最佳的路线。

有一次，一对外地夫妻路过北京，只有一天半时间，又想好好逛逛。张鹊鸣就建议他们去长城、十三陵，晚上住天安门附近。这样，看了重要景点还能看升旗，走时到北京站也方便。他的建议既实用又贴心，让乘客赞不绝口。

与时俱进开微博服务乘客

2011 年 5 月，张鹊鸣在网站上开通了自己的微博，目的是为乘客出行提供方便。

“8 月 21 日起 938 支 1 变更为 801 路，线路不变……”类似这样的温馨提示，在张鹊鸣的微博上有上百条。他发出的交通资讯和很多出行建议，被粉丝们转发。

现在，手机上有不少公交客户端，为乘客出行服务。张鹊鸣凭借深厚的功底，经常给提出一些建议。“有的客户端只能输入站名，比如一个几年没来北京的人，他只知道‘小营’，不知道‘惠新东桥北’。我想做的是能模糊查找，还有中英文对照。”张鹊鸣说。

目前，张鹊鸣正在重新修订《鹊鸣公交速查词典》，增加新老站名、新路线，添加英文地名站名，预计文字将达到 50 万字，还要出电子版。他的最大愿望是:“这本词典能够

凭着丰富的经验，给乘客的建议既实用又贴心

做成手机客户端，让乘客下到手机里随时随地查看。”

近年来，张鹊鸣先后被授予北京市第十七届五四奖章、北京市劳动模范、全国城市公共交通先进个人等称号。

[敬业奉献]

从『纽约客』到『北京人』——斯蒂芬·马布里

斯蒂芬·马布里，1977 年生，CBA 中国男篮职业联赛运动员。2011—2012 赛季，美国小伙斯蒂芬·马布里加盟北京男篮，为男篮注入强大的正能量。此后北京男篮三年当中两夺 CBA 总冠军。积极参与各种公益活动：曾去医院探望身患重症的女孩；曾前往安徽、云南的偏僻山区，为学校捐赠体育用品；曾在云南山区的学校为孩子们上过体育课。马布里在中国得到了爱，也在中国播撒着爱。2014 年 4 月，光荣地成为“北京市荣誉市民”。

2014 年 4 月 2 日，斯蒂芬·马布里从北京市市长手中接过了证章和金钥匙，成为第 30 位“北京市荣誉市民”。作为一个“纽约客”，马布里在短短的三年中，蜕变成一个地地道道的“北京人”。

三年两夺冠

在马布里到来之前，北京队的成绩一直徘徊在中国男子篮球联赛的中上游，保持着竞争力，却一直难以完成突破。马布里加盟北京队的第一年，就创造了一个奇迹：在无人看好的情况下，带领北京队成功击败了联盟霸主广东宏远。

广东宏远在 2012 年之前的 8 个赛季里赢下 7 个冠军，在没有任何人相信的情况下，马布里率领北京队出人意料的以 4 比 1 完胜广东；北京首钢男篮第一次成为中国男子篮球联赛的冠军。这一次夺冠，让北京这座城市体会到体育的强大魅力，这种魅力让整座城市为北京首钢男篮、为马布里着迷。

夺冠之后，马布里和北京首钢男篮并未就此满足；马布里也继续出色地承担起这支球队的领袖角色。在这个赛季，北京队再一次打进总决赛，再一次夺得冠军。在第二次夺冠的过程中，马布里因为膝盖半月板撕裂缺席了大部分的常规赛。倒数第六轮比赛，马布里拖着一条伤腿，一瘸一拐地出现在比赛场上。即便如此，他仍然带领北京队从季后赛中杀出重围，并且在总决赛中以 4 比 2 击败新疆夺冠。

成为北京人

2012 年 2 月 26 日晚，马布里率领北京队 3 比 0 横扫季后赛第一个对手浙江广厦。比赛中，刚过完 35 岁生日的他为现场观众奉献了登陆中国三年来的第一个扣篮。

“Ma zheng wei zhen niu be”（马政委真牛），事后他在微博上用汉语拼音为自己喝彩。“马政委”是媒体送给他的绰号，因为他擅做球员思想工作，本土年轻球员上场前会收到他的加油短信，其他俱乐部的大牌外援与球队发生矛盾，他也两头劝和。

马布里 2010 年来到中国，最终选择了北京。跟北京队签约当天，他搂着小儿子热泪长流，“我解释不清楚我有多高兴。来中国之前，我的生活早被撕碎了……我完全不知道我的人生会转向何方。”“你明白吗？中国给我的远不止是一个重新打球的机会。”“北京对我来说，是一个正确的选择，我觉得这是我职业生涯迄今为止最重要的决定之一。”

马布里喜欢这个包容、多元的大城市，“这里跟纽约很像，什么人都遇得上，看电影、看演出，吃各种风味的食物。”吃火锅、看足球，马布里的北京生活惬意滋润，他甚至跟相声演员曹云金同台说相声，虽然从头到尾，他都没听懂人家说什么、乐什么。

对马布里来说，在北京首钢男篮打球，不仅仅是从事一份工作，更是一种全新的生活方式。马布里一再表示，他期待接下来能长久地在中国、在北京生活。他希望在北京队退役之后，能够成为教练，他最终的梦想是有一天能够成为中国国家队的主教练。

收获爱播撒爱

马布里在中国、在北京获得了前所未有的信任、崇拜与爱；同时，他也用自己的行动在中国四处播撒着爱的种子。

2012 年 1 月 27 日，正是春节假期，马布里来到医院第二次看望白血病女孩媛媛。之前马布里曾经到北京航天中心医院看望过患噬血细胞综合征的 11 岁女孩范媛琛，这次他匆匆从美国回来后仅两天，就兑现诺言再次来探望媛媛。他与媛媛在一起待了一个多小时，一起玩游戏，谈论吃饭、电脑等孩子喜欢的话题。与上次不同的是，这次应马布里的要求没有记者随访。媛媛的父亲范盛谊说，马布里这次就是想以亲朋的身份来看望媛媛，“我听见马布里先生临走时和媛媛悄悄说：‘下次我来连你父母也不告诉了’。”

马布里入选了CBA全明星首发阵容后，2012年5月7日，“关心下一代·马布里公益篮球之旅”来到了西双版纳。一大早，勐海镇曼贺小学的孩子们就冒着小雨，列队欢迎马布

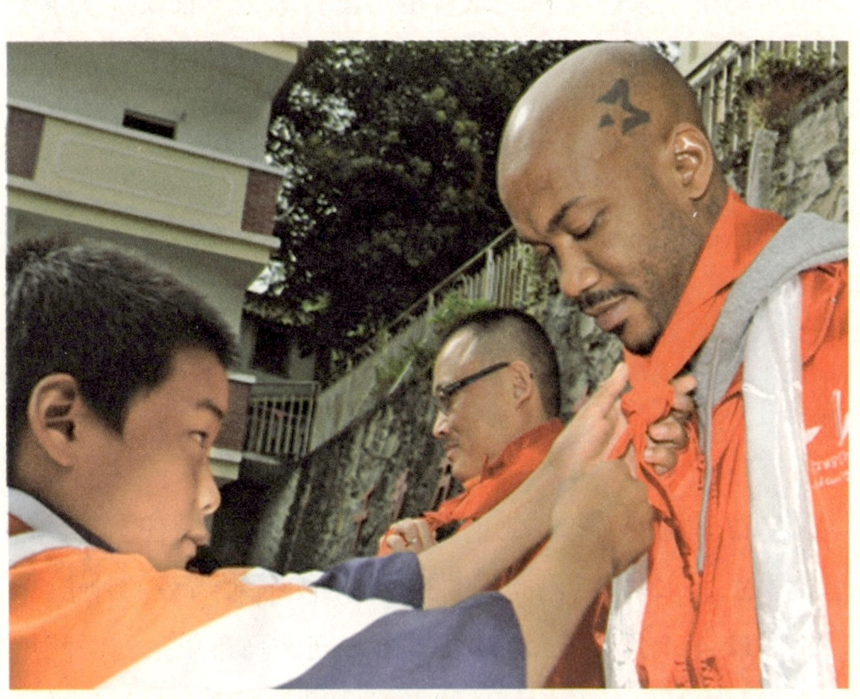

在山区小学参加公益活动。此项活动自2006年开展以来已经经过了8个年头，本次支教为期一周，主要包括体育、采访写作、生理健康、趣味数学等精彩的素质教育课程。

在山区小学参加公益活动。自2006年启动以来，红粉笔乡村教育计划已经走过了26个省的44所学校，为2万余名乡村儿童送上了精彩的素质教育课程，超过400名来自不同城市和不同行业的志愿者参与其中为孩子们打开了一扇又一扇展望未来的窗。

里一行的到来，马布里很开心地为孩子们签名，与孩子们互动，并捐赠了一批“星布里”T恤和运动鞋。

2012年7月，马布里以自己的名义举办了关心下一代基金慈善晚宴。马布里拍卖了几件私人物品，其中包括2003年NBA全明星球员签名球衣以及球帽和戒指、北京队夺冠金色球衣、尼克斯签名球衣。这几件具有纪念意义的物品总共拍得36.6万元，其中2003年NBA全明星签名球衣和球帽价值 10 万元。其间，马布里卖力“忽悠”，渲染每件物品的价值。老马说：“希望通过我的一些努力，为关心下一代基金提供帮助，为贫困地区的孩子们提供支持。”

2013 年 10 月 10 日，马布里作为“雪佛兰——红粉笔乡村教育计划”的志愿者来到云南，给香格里拉虎跳峡中心小学的学生们带去一堂别开生面的体育课。作为本次支教的“粉笔头”之一，老马的体育课被安排在第一节，内容是篮

2013 年 10 月 8 日，长假结束的第一天，由效力于 CBA 北京金隅队的球星斯蒂芬·马布里领衔的 11 名志愿者在云南香格里拉虎跳峡中心小学完小庄严宣誓，拉开了“红粉笔乡村教育计划”2013 年度活动的序幕。

孩子们都很喜欢马布里老师

球的基本功：运球和投篮。到投篮训练时，马布里讲解完标准的投篮姿势后，便开始一对一的辅导。可能是孩子们平时对篮球的接触较少，连续好几名学生都没能投进。于是马老师来到一个高高瘦瘦的男孩面前，仔细地纠正了他的投篮姿势，男孩也不负众望，终于将球投进了篮筐。

……

马布里说，“回报社会是很重要的。在我小时候，并没有太多人关注、关心我们这些贫穷的孩子，这也是为什么我在成功之后尽力去回报社会的原因。我希望把爱传递给更多的人，我会继续我的公益事业。让孩子们知道他们是被人关爱的，让他们知道有很多人希望他们日后能成功。”

马布里热爱并需要这座城市，这座城市也热爱并需要马布里。

“北京人”马布里和每一位普通的北京人一样，每天忙碌在自己的工作岗位上，为自己和这座城市的荣耀而努力。

[孝老爱亲]

像雄鹰翱翔在蓝天——闫志国

闫志国，1949 年生，北京市航空邮政公司退休干部。1976 年，新婚第五天遭遇唐山大地震，妻子高位截瘫，闫志国不离不弃，守候、照料妻子 38 年。在部队多次被评为优秀飞行员、优秀指导员，多次立功受奖，被批准为“雷锋式干部”；妻子张胜兰也战胜困难，顽强写作，终有所成。

1969 年，时为北京空军航空兵某部飞行员的闫志国，开始驾驶歼击机飞翔在祖国的蓝天，并成为“空中骄子”中的佼佼者。

1974 年的一天，闫志国所在团副政委和政治处副主任，拿给他一张英姿飒爽的女兵照片。女兵出自军人家庭，是福建某空军部队卫生队护士，名叫张胜兰。

新婚第五天遭奇变

闫志国和张胜兰很快确立了恋爱关系。每个星期，闫志国都会收到女友来信，叮嘱他：“努力工作，安心飞行。”

经过两年的鸿雁传书，两人终于见面。那天，闫志国早早等在唐山凤凰山公园，一眼就看到恋人。两人拜访了女方母亲，定下了婚期。

1976 年 7 月 23 日，闫志国和张胜兰在唐山喜结良缘。一身军装、两条中华烟，一筐苹果，部队领导和战友为他俩举办了婚礼。

7月27日早晨，夫妻俩乘车回唐山市里，看望女方家长，可家中无人。于是小夫妻决定先住一晚，次日再坐公交车回部队。

7月28日3时48分，一阵雷鸣闪电后，大地动摇，唐山发生了大地震。闫志国刚从梦中惊醒，房梁混着砖石落了下来，他和妻子都被砸伤。他呼叫摇晃妻子时，她丝毫没有反应。

半个小时后，妻子苏醒了，依旧不能动，只说脖子疼。这一天，是他们新婚第五天；此时，张胜兰25岁，闫志国26岁。闫志国带着新娘从唐山赶回遵化，再奔天津蓟县，为的是能有医生救救新娘。

7月31日，张胜兰终于躺在北京466医院的病床上。经检查，张胜兰的第五、六节颈椎粉碎性骨折，中枢神经严重损伤，心脏搏动、血压、呼吸出现异常。医生预测生命只有三个月。

张胜兰的颈椎严重错位，要在颅骨打洞实施复位。此后四十多天，她的头部坠着几十公斤的铅块，喝水就像倒灌颅腔。闫志国像照顾婴儿一样侍奉着妻子，闯过了三个月的生命期限。

可警报并没解除，医生又将生命期限调整为六个月。一天天闫志国为挽救爱人的生命，一顿顿促她吃下食物，一次次为她擦洗翻身；一回回为她处理排泄物……他用全部的爱，服侍着爱人再次闯过又一个生命限期。

唐山地震一年后

1977 年之后，经过多次手术，张胜兰病情日渐稳定。那时，闫志国身边的朋友提醒他，该做的做了，是否考虑重新组织家庭？

此时，张胜兰也提出：“志国，你对我已尽到了心。你还年轻，又是搞飞行的。为了你今后的生活，为了你的前途，我不能再拖累你……”

先前，闫志国回河北永清县别古庄镇老家。听说他的妻子在地震中受了重伤，不但无法生育，还要人照顾。一屋子人沉默着，老父亲低头吸着烟，母亲老泪纵横，抬头看着闫志国，欲言又止。闫志国的哥哥、嫂子和弟弟也默默围坐在闫志国身旁，等着他做出抉择……

闫志国却一如既往，飞行时围着云彩转，休息时围着妻子转。他说：“胜兰是在航空兵部队大院里长大的，和飞行员结婚‘苹果好吃，寡妇难当’的话从小就听过。在领结婚证的前一个月，她战友的丈夫在一次飞行事故中牺牲了，但她依然选择了我。”

“再找一个吧！”一位多年的朋友又来劝闫志国：“男儿三十正当年。凭你的才貌和地位，找个什么样的姑娘不行，你同张胜兰活守一辈子，岂不虚度了大好年华？你也该有个孩子……”

闫志国听着，总是笑笑不吱声。甚至有少女强烈要求和他结婚，一起照顾张胜兰，闫志国都拒绝了。

时间过去两年

每次飞行或执行任务后回家，闫志国总要给张胜兰做她喜欢吃的饭菜。

不会做饭炒菜，闫志国就让张胜兰在轮椅上做指挥。两人你说我做，配合默契，一盘色香味俱全的西红柿炒鸡蛋便端到张胜兰面前。

一年四季，闫志国都保证张胜兰有新鲜水果，香蕉、橘子、苹果、葡萄、菠萝、草莓、荔枝，只要张胜兰爱吃，他总是想方设法去买。

外出疗养，他总是大包小包带回当地土特产，让张胜兰尝新鲜。

张胜兰手术后又生华发，闫志国高兴得合不拢嘴，搂着张胜兰在额头上吻了又吻，说："假小子又变成大姑娘啦！"他买回电梳子和电吹风，把张胜兰抱上轮椅，剪了个运动发型，再推到镜子前："你瞧，这姑娘真漂亮。"

张胜兰从镜中看见女儿妆，不但高兴，更感惊奇，这两

陪伴妻子张胜兰游览北海公园

年，自己依然年轻，圆润，竟然没有重病的痕迹。这都是闫志国啊！她感激地望着丈夫，娇羞浮现在红扑扑的脸上。

第二天，闫志国又把张胜兰好生打扮，说：“咱们没赶上结婚照，今天就补一张吧。”

十月，金灿灿的阳光，洒在闫志国和张胜兰身上，快门“咔嚓”一声，留下了美好瞬间。照片上，夫妻俩身着戎装，丈夫如青松般挺拔，旁边轮椅上的妻子微笑着。

十年弹指一挥间

光阴似箭，一晃十年过去了。张胜兰越发盼望有个孩子，看着抱着孩子哺乳、牵着孩子小手的姐妹，她流露出母亲的渴望。在窗口，只要看到孩子的身影，她总是盯住不放。这一幕，悄悄落在闫志国眼里。

一天，闫志国带回一个洋娃娃，小姑娘穿着一身蓝衣裙，梳着一双羊角辫，红彤彤的脸蛋，露着甜甜的笑；一双大眼睛乌黑发亮，可爱极了。闫志国把她放进张胜兰怀里，

与妻子逛公园

摸摸“娃娃”的小脑袋，风趣地说：“小丫头，好好伺候妈妈，别调皮。”张胜兰舒心地笑了，笑里含着泪。夫妻俩给“小丫头”取了个名字叫“盼盼”。

这一天是11月25日，就定为“盼盼”的生日。此后每年的11月25日，夫妻俩都为这个“娃娃”过生日。

此后，每年张胜兰的生日，闫志国都要送她一个娃娃和小动物。在他们卧室的一角，围坐着30多个娃娃，每个都有漂亮的名字。张胜兰喜欢被娃娃们包围簇拥着，称这是他们夫妻俩的“小小幼儿园”。

两朵盛开的并蒂莲

通过闫志国一遍遍为张胜兰按摩，一次次扶她拉练吊环。终于，张胜兰的双臂能够抬起，几根手指能够活动了。张胜兰喜爱文学，闫志国就给借来中外名著，鼓励她创作。张胜兰用双手夹住笔，开始在纸上像刻印章一样写字。

1978年，张胜兰开始夹笔给丈夫写信：“志国，我很想你，祝你身体好，工作好，学习好。”当闫志国看到妻子用十几个小时，刻写纸面的字迹时，泪水夺眶而出。此后，两人通了四百多封信，双方沉浸在巨大的欢乐中，两颗心也紧紧相连。

1984年，张胜兰自述《她心中的歌》在《空军报》发表。

与妻子张胜兰35年后重游北海公园

1985年4月，中央电视台报道了两人饱含炽热深情的家书，播放了他们坚守爱情，相携相助的纪录片，在社会上引起很大反响。

1987年，张胜兰的长篇自传体小说《忧愁河》，在《中国空军》杂志连载22期，好评如潮。小说男主人公原型就是闫志国，女主人公原型就是张胜兰自己。《忧愁河》于

1991年由蓝天出版社出版。

如同并蒂莲，1976年起，闫志国从飞行大队长、飞行副团长、团长，到师政治部副主任，步步扎实。他年年出满勤，连续安全飞行2500小时。多次被评为优秀飞行员、优秀指导员，被空军党委批准为“雷锋式干部”。先后荣立二等功1次，三等功6次，受嘉奖多次。

1995年，闫志国转业到中国货运邮政航空公司，先后担任机长、飞行技术部党总支书记、高级业务主管等职务，承担了邮政EMS全夜航等飞行任务。

早在20世纪90年代，唐山大地震的高位截瘫者已鲜有在世。而张胜兰现在仍然精神饱满、乐观开朗。她感慨地说：“我能活到今天，得到了周围人的帮助，特别是闫志国陪伴我走过了37年。没有他的爱，没有他这个精神支柱，我可能早已不在人世了。”

把节水当作志愿——金九皋

金九皋，1941 年生，朝阳区望京街道花家地西里三区居民，社区党员，节水志愿者；“久节”马桶节水器的发明人；把“全民节水、节能减排”作为一项公益事业来做；十余年培训了万余名节水志愿者，足迹遍及全国数个省市。

2000年，北京市人均水资源量不足300立方米，仅为全国人均量的1/8，世界人均量的1/30，而国际极度缺水标准是500立方米。这件事情警醒了许多人。2001年，退休工程师金九皋，开始探索发明一种抽水马桶节水器。经过一年的努力，他获得了成功。

电子工程师的“节水梦”

1962年，金九皋学校毕业后到国防科委、电子部第12研究所工作。作为工程师的他，在通信设备的革新和发明上多有建树，其中两项成果被上海520厂应用。1984年初，金九皋调到北京京伦饭店做技术部门主管。

面对北京水资源匮乏，退休后的金九皋思考，抽水马桶占到家庭用水量的一半，节水潜力很大。他花4000余元买了3个大抽水马桶、配件和书籍，到建材市场考察，在家中潜心研究、反复试验论证，研制出一种抽水马桶节水小

发明的节水器

装置。

为了配套各型马桶，金九皋又反复研究，自制了5套模型，在不同的马桶中试用，经过一年努力，终于研制成功。

“马桶水箱不做改动，只需几分钟，将这个节水器安装在水箱中，一次用水量为原来的1/5。一个三口之家，每年节水70余吨。”金九皋说。

2001年到2004年，老金向街坊四邻、亲戚朋友义务宣传马桶节水器，并上门为40多户居民义务安装。

“我的发明只是做公益”

2005年4月，金九皋将马桶节水器作为公益事业，向望京花家地西里三区居委会推荐。他的节水器，受到各级领导的高度重视，多次组织节水宣传活动，并培训志愿者上门安装。

2007年5月16日，望京街道建起“金九皋节水工作室”，并投资5万元，设立了专项活动经费，推广马桶节水器。一批社区志愿者加入工作室，为居民义务改造马桶。

2007年，金九皋的“久节”节水器获得国家实用新型专利。

随着媒体争相报道，老金的马桶节水器声名鹊起。挪威国家电视台格瑞芙女士，不远万里从欧洲来到老金家中制作节目，以期介绍给观众。“一位普通市民，能发明这样有效的节水方法，真是令人佩服。”格瑞芙女士说。

而此前，还有一家京外企业，愿出高价买下节水器专利，还没见面，电话中就开价5万元，被金九皋拒绝了。他说：“我的发明不为个人名利，只为一颗公益之心和节水之路。”

如今，朝阳区6000多户家庭已采用了此项发明，年节水40多万吨，节约费用200多万元。

金九皋的义举，得到爱人金细珍的支持。老金入户安装

“看，这发明还行吧”

节水器，常常弄湿弄脏衣服，回家后，金细珍就给一次次清洗；老金的节水事迹受到国内外媒体关注，上门采访的媒体很多，金细珍就配合老金收拾好屋子，摆放好节水器，以备展示用。

老金的儿女也长期支持他的事业。2011 年，老金的孙子金梦阳荣获“北京市十佳节水少年”;2012 年，金梦阳的《节水创意》，夺得第二届朝阳区小学生创新学习成果金奖等。如今，金梦阳在陈经伦中学读初中二年级，在老金的指导下，金梦阳正致力于“净水机废水再利用”的实验研究。

节约用水并非阳关路

“我免费义务推广节水器，但很多是单位用水，没有人管；还有居民不愿掏10元钱买节水器，他就不算能省多少水钱。”金九皋痛心地说。

为推广马桶节水器，金九皋尝遍了苦辣甜酸。要顶着卫生间的脏和臭味儿，要不怕衣服搞脏搞湿。还要顶着莫名的压力，有人以为老金在推销产品，使其受尽白眼；有人以为老金在维修厕所，使其受尽嘲笑；有人以为老金自我炒作，使其受尽非议；还有人认为老金所作是理所应当……

为中小学生讲授节水知识

校内课堂向学生剖析节水器原理

“有一次，去一家安装节水器，住户没告诉水箱中有消毒液，我就像从前一样，挽起袖子，把小臂伸进水箱……”老金回忆说，“第二天整个小臂全肿了，起了很多小红疹子。”

为将马桶节水器惠及更多居民，金九皋不顾1996年曾患过癌症的身体，有求必应地义务为居民服务。

金九皋笑着说：“个人受点损失，但能为国家节约资源，让百姓得到实惠，其他就都不论了。”

金九皋的节水公益精神，受到党和国家领导人、社会的广泛关注。老金也获得了一大堆荣誉：2005年度节约用水先进个人、2006年度“感动朝阳”十大新闻人物、2007年度优秀共产党员、2007年度朝阳区“绿色家庭”等。中央电视台、北京电视台、新华社、北京日报、中国之声等多家媒体采访报道。

“虽然很多地方请我去参加节水活动和讲座，不少都是形象工程，能够落到实处的不多。像新疆哈密的一位局长，亲自到居民家安装节水器，深入第一线，让我十分感动。”金九皋说。

多年来，金九皋及团队走东家串西家，下社区到单位，进学校上展会。应邀参加了11次大型博展会、400多场节水活动，培训了万余名节水志愿者，为数万人传授节水经验。足迹遍及海南、新疆、山东、河北等省市。

“若能将此项发明作为公益事业推广，让更多老百姓参与进来，不仅使老百姓受益，国家也能受益，还可以造福后人，这不是两全其美的事吗?!”金九皋感慨地说。

［热心公益］

治理盐碱荒漠的『锹王』——廖理纯

廖理纯，1965 年生。24 岁掌管联想广州分公司；28 岁创办自己的企业；39 岁企业年销售数亿；2004 年起，从公司管理中脱身，投身公益事业，参与沙漠植树；2011 年起，为了固沙防尘、治理雾霾，开始自筹资金，在内蒙古、河北地区组织建立绿化志愿者基地，并带领千名志愿者植树上百万棵，为北京蓝天种下绿色防护带。

一脸黝黑，肩膀、后背满是黄沙，松松垮垮的裤子，脚上的皮鞋久也没擦……站在盐碱荒漠上，廖理纯就像个老农，但一张嘴却是地道北京话，谈吐不凡。

距京津最近的沙源

廖理纯曾是柳传志门下三杰之一，24 岁就掌管联想广州分公司，28 岁创办自己的企业，39 岁企业已年销售数亿。但他选择了离开，走遍中国，一路扶贫助学。2011 年起廖理纯在内蒙古、河北做起全职绿化志愿者，带领千名志愿者植树上百万棵。

熟悉廖理纯的人都知道，他曾经担任北京晨拓公司董事长，更是联想集团前任掌门人柳传志的得意门生。2004 年，他却毅然辞去董事长的职务，在研究社会科学的同时，他和友人多次赴各大沙漠、沙地考察，并从 2010 年开始筹备建立浑善达克沙地绿化志愿者基地。

浑善达克沙地是我国十大沙漠沙地之一，位于内蒙古中部锡林郭勒草原南端，距北京直线距离二百多公里，是离北京最近的沙源。据资料显示，浑善达克沙地是京津主要风沙源之一，在这里植树固沙，可以阻挡沙尘暴。

把荒漠变成绿洲

2011 年 5 月 1 日，廖理纯带着首批志愿者，奔赴浑善达克绿化沙地，开始了新基地的建设。从此，每个周末廖理纯

带头绿化盐碱地

和志愿者在一起

都会带领一批志愿绿化队来到绿化基地，风雨无阻。

这里风卷黄沙，嘴巴刚一张，就吃进满嘴沙子。

每次到达，廖理纯给志愿者分配完任务后，自己带头挥起铁锹。建隔离围栏、松土、挖沟、打垄……原本就有老茧的双手，生生又磨出水泡。平锹、尖锹，挖坑时运用自如，快速铲土时运锹如飞，廖理纯成了“锹王”。

育种、幼苗杯栽、大苗移杯入坑，搞科研出身的廖理纯种树也像治学一样严谨。因为土地盐碱含量高，不能采用滴灌技术，廖理纯精心安排灌水车每周浇水，每次的浇水量还会根据气温、天气进行调节。

到2014年，廖理纯已投资1000多万元，提供车辆、食宿等物资保障，每周五下午或周六上午，带领志愿者从北京向浑善达克沙地进发，大干一场，周日返京。

目前，已经有近80批、3000多名志愿者，随同廖理纯前往浑善达克沙地植树。他们种植了赤峰杨、新疆杨、樟子松、文冠果等50多万株苗木。

到2014年，在内蒙古和张北两个基地的100万棵松树，也有及腰的高度了，再过两三年将超过一人高，届时将会有5万亩荒漠披上绿装。

廖理纯梦想着有一天，这些荒漠能变为“风吹草低见牛

沙漠绿化志愿者举行活动

羊”的绿洲，能够守护住北京的蓝天。

绿化每个人的心灵

早在十年前，廖理纯就开始参与沙漠、盐碱地的绿化活动。当时，在内蒙古鄂尔多斯的恩格贝，中国社科院和日本伦理研究所共同组织的一次绿化活动中，廖理纯惊讶地了解到，这片荒漠中的绿树竟是近万名日本志愿者所种。

当时廖理纯的心情非常复杂：中国急需呼唤志愿者，日本人做的事情，中国人应该做得更好。

于是，廖理纯带领志愿者植树绿化沙漠的同时，更加重视唤起国人的民族自豪感和民族自信心。

“中华民族是一个优秀的民族、无私的民族，我们需要捍卫祖先的荣耀、优秀传统。”每次前往浑善达克沙地，廖理纯一路上都像个布道者，他给志愿者们讲三皇五帝，讲逐鹿中原，讲汉唐盛世，讲抗日战争，讲无私无畏的民族精神……

廖理纯激情的演讲，让志愿者热血沸腾。“我们去植树，就好像是听从远古的召唤，我们治理沙漠，就是恩泽后世，就是实现伟大的中国梦。”一位来自香港的大学生志愿者说。

为了发扬民族精神，廖理纯还攻读了北京师范大学西方哲学史博士学位，除了研究经济，他还广泛涉猎了历史学、

宣讲感染志愿者

教育学、农学、医学、兵法等。

2005 年，廖理纯出版了《何以无所畏惧》一书，讲述他眼中的民族精神。自此，廖理纯每天清晨 4 点起来写作，一年一本，如今已有了 8 部作品。

“人最重要的是要有一种精神，每个人都应守好自己的本分，这样国家才有希望。”廖理纯说，他要做的，是和众多志愿者们一起呼唤志愿精神，唤醒国人心中的无私和善良。“我希望能绿化每个人心中的那片荒漠，希望通过我和志愿者的努力，能让我们的后代过得更好。”

2014
北京榜样
特别奖

[见义勇为] 苏士龙

[敬业奉献] “月宫一号”科研团队

[见义勇为]

将『生命之绳』奉献他人——苏士龙

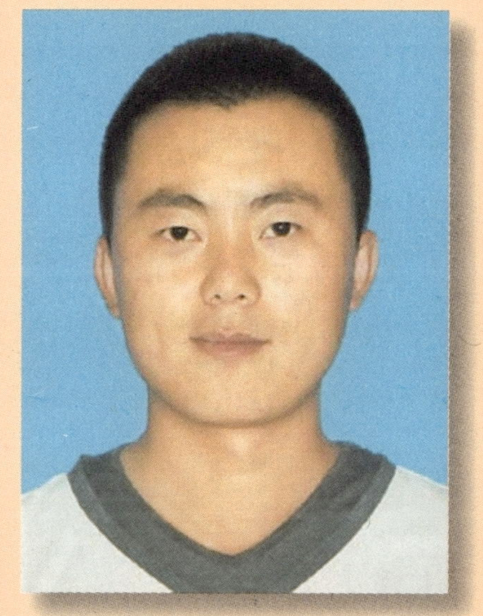

苏士龙，1983 年生，北京蟹岛绿色生态度假村保安部副经理。2014 年 7 月 6 日晚，他深入井下，将落入泔水井的一对夫妇救起，却因在井下沼气中毒昏迷，经抢救无效去世。他生前的最后一个动作，是把身上的“生命之绳”绑到别人身上；最后一声呐喊，是“往上拉绳子！赶快拉！”

2014年7月6日晚8时，北京朝阳区蟹岛度假村的保安室里，部门副经理苏士龙准备接经理隋非的晚班。三十而立的他，刚从东北老家回来，给家人盖了房子，心情很好。面对即将到来的夏令营，苏士龙说："蟹岛水池多，一定要注意孩子，晚上要加人巡逻。"

拉上来的不是苏士龙

晚9时30分，正在巡逻的保安员杨井和孙涛听到天龙园餐厅东北角有呼救声。一名妇女在一口泔水井边呼喊，说她丈夫落入井中。因为天气炎热，泔水发酵产生的沼气刺鼻。保安员立即电话通知值班室的苏士龙。

接到电话后，苏士龙拿起救生绳，骑电瓶车急速赶到。那时，求救的妇女已自行下井，苏士龙见状快步上前，同保安一起将妇女拽出来。妇女名叫刘丽娟，被救出时满脸污水，已经昏迷。

蟹岛度假村工作人员在苏士龙牺牲的地方缅怀英雄

显然，井中沼气浓度很高，救人十分危险。情急之下，苏士龙脱去上衣，将救生绳绑在腰间，独自下井救人。

“井中有沼气，很危险，还是等救援队。”围观者纷纷劝阻。但苏士龙已经等不及，说：“救人要紧！”毅然独自下井。

路边没有灯。泔水井有三米深，苏士龙下到水面，用手在水里摸。井下气味难闻，漆黑一片，苏士龙在污水中摸到落井男子，几次拉他都没成功。

其他保安聚集在井口，井内一片死寂。几分钟后，苏士龙突然发声：“往上拉绳子，赶快拉。”

保安们立即往上拽绳索，但出来的不是苏士龙，而是落井者。

苏士龙妻子的叔叔老郝也在蟹岛工作，听说出事后赶到现场。

这时候，有人又拿来绳索，老郝憋了一口气下井。“那味儿刺鼻难忍，让人喘不上气。”老郝下井打开手电，看到苏士龙栽倒在污水里，只有一截小腿露出水面，他赶紧将绳子系在苏士龙腿上。拉上来的苏士龙已陷入昏迷，被急救车拉到医院，虽经抢救但没有醒来。

曾破冰搭救游客

31 岁的苏士龙去世了，同事们回忆他的生前事，泪水长流。

2012 年刚入冬，蟹岛的湖面结了一层薄冰。这天，苏士龙和隋非正在值班，听到有人落水呼救。

隋非回忆说：“他游泳就会一点狗刨，我游得比他好，但他就冲了过去，跳下水了。”是苏士龙下水先拉住了游客，隋非才把他两人拉上了岸，否则那位游客就危险了。

有人问他怕不怕，苏士龙当时说：“如果以后还有这事，我还会下去。”

可事后，苏士龙一再对隋非说，他跳到冰水中去救人，想起来也后怕。但隋非觉得，苏士龙是典型的东北汉子，直

救人后的留影

接爽快，“只要别人有危险，他一般都会往前冲，他就是那样的人。”

说起苏士龙，除了他的直接爽快，还有仗义。

苏士龙在蟹岛度假村打工已有 11 个年头，月薪并不高。但他从来不吝啬，几乎所有新来的小保安都找“龙哥”借过钱。

保安关铁军说，2008 年他刚从老家来时，手头拮据吃饭困难。他没找别人借钱，当时的值班主管苏士龙给他拿了

500 元，说：“你手头不宽裕，你先拿这个钱办饭卡，吃饭是要紧事。”

苏士龙妻子的叔叔老郝也说，苏士龙特别节俭，每个月都攒钱汇给双方父母。也是因为他的孝顺，妻子一家也都看好这个女婿。

2014 年，苏士龙在老家盖起了房子，但他和妻子还有两岁的女儿，一直住在蟹岛的员工宿舍里。

愿“龙哥”精神永存

2014 年 7 月 21 日，北京市朝阳区民政局为苏士龙签发了《北京市见义勇为人员证书》。

目前，蟹岛集团已向民政部门为苏士龙申报了见义勇为先进个人荣誉称号，170 万元的抚恤金已经发放到家属手中。

被员工称为龙哥的苏士龙有一个女儿。蟹岛集团董事长傅秀平以个人名义，承担苏士龙女儿今后上学的所有费用：“让英雄没有后顾之忧，让他的精神永远留在蟹岛，永远留在北京，永存世间。”

蟹岛集团党委书记马长利说：“为纪念英雄、倡导社会主义核心价值观，集团正在广泛深入开展向苏士龙学习活动，大力营造学英雄事迹、创英雄业绩的浓厚氛围，切实把学习成效转化为履职尽责、建功立业的自觉行动。”

深切缅怀苏士龙同志

目前，被苏士龙搭救的刘丽娟已基本康复，她的丈夫也已脱离了生命危险。

人类永远追求新的梦想——『月宫一号』科研团队

“月宫一号”科研团队，是北京航空航天大学坚持 10 年追逐“月球梦”的团队，由刘红教授担任总设计师。面向我国月球基地建设等深空探测活动重大需求，十年来他们奋战在科研前线，建立了我国第一个、全球第三个生物再生生命保障地基有人综合实验系统。“月宫一号”即“月球基地生命保障人工闭合生态系统地基实验装置”试验成功，对保障中国载人登月、月球基地及火星探测等航天计划的顺利进行、保障航天员生命安全和生活质量，具有重大意义。

2014 年 5 月 20 日，北京航空航天大学校园内，舱长谢倍珍携两位舱员董琛、王敏娟伴随着众人的掌声，微笑着从“月宫一号”密闭舱中走出来。至此，他们在“月宫一号”内进行的为期 105 天的科学试验获得圆满成功。

105 天密闭有人试验成功后研究团队在“月宫一号”前合影

“月宫一号”即“月球基地生命保障人工闭合生态系统地基实验装置”，世界上目前只有美国和俄罗斯掌握该技术，试验成功在我国尚属首次。这项研究对保障中国载人登月、月球基地及火星探测等航天计划的顺利进行、保障航天员生命安全和生活质量具有重大意义。

一个团队的梦想

自 2004 年起，北航刘红教授团队就瞄准了国家载人深空探测重大需求，开始了“月球梦”：在月球建设长期有人基地，使月宫不再只是神话。正是这样一个中国梦的月球梦，使团队成员秉持信念，在“月宫一号”设计建设、实验运行中发挥了不可估量的作用。

刘红教授从小就是一个“追梦人”。小时候她喜欢数星星、看月亮。夏夜纳凉时，她会昂起脑袋，指着月亮说这个斑点可能是一棵树，那个斑点可能是一个人。直到知天命之年，作为北京航空航天大学教授的她，戴上了“月宫一号”总设计师头衔，刘红才知道原来自己现在要做的，就是探索孩提时代有关星空的梦想。刘红常说：“读中学的时候，老师讲，人和动物的区别在于制造工具并利用工具。但我认为，这仅仅是能力上的差别，人和动物最根本的差别在于：人类永远追求新的梦想，永远不会停止对未来世界探索的脚步，无论是微观世界还是广袤太空。”

多年来，刘红教授带领团队成员走访参观了世界上著名的生物再生生命保障系统，如俄罗斯 BIOS-3，美国生物圈 2 号，日本 CEEF 以及火星 500 等。每一次的旅程都让团队成员无比震撼。刘红的激情与梦想点燃了团队，他们将这种情感投入到缜密的科研之中。

在追梦的路上

“月宫一号”研究团队现由刘红教授，谢倍珍副教授，胡大伟讲师，付玉明讲师及 19 名博士、硕士研究生组成。此外还有已毕业的博士、硕士研究生 26 名，均在“月宫一号”的有关研究工作中作过贡献。近三年，团队中的研究生获得国际、国家、院校级奖项 18 项以上，其中三名获得“国家奖学金”；近五年 17 人次在国际学术会议上做过学术报告。

“月宫一号”建成之前，团队经过了近十年的生物再生生命保障系统理论与技术研究，建立了基础理论和研究方法，解决了许多关键技术问题，形成了一套完整的系统设计构建方法。

在“月宫一号”设计过程中，当时还是讲师的谢倍珍博士、付玉明博士及五名研究生贾伯阳、张厚凯、刘慧、李乐园、孙伊分别担任了七项分系统责任设计师的重任。他们废寝忘食查阅资料、形成设计加工方案。

“月宫一号”进入建设阶段，张厚凯负责施工现场的技术监督和验收；邵玲智负责主办国际研讨会、实验台柜和电器采购；李乐园负责舱室装修设计和宣传科普等工作。大家深知时间紧，任务重，责任大，起早贪黑，常早上6点来监督施工，或值守到凌晨监督装卸材料，紧张而有条不紊。

“月宫一号”主体工程建成后，各设备进舱安装调试前都需要严格消毒，有些消毒工作量巨大，全体团队成员参与。孙伊主要组织监督，这支热血团队干起体力活也是一派热火朝天。让大家记忆犹新的是：盛夏七八月，工地气温经常达到40多摄氏度，张厚凯负责现场监督，脚手架已经烤得烫手，他仍然爬上爬下认真检查每一个焊缝。从脚手架上爬下来，他用那磨出水泡的双手拧开一瓶矿泉水，“咕咚咕咚”一口气基本见底了，由此大家便亲切地叫他“水桶”。

整个施工过程，“月宫一号”仅仅用了短短6个月的时间，创造了世界奇迹，令来访的国际同行专家惊叹不已。俄罗斯科学院院士、生物物理所所长高度赞扬了研究团队在构建“月宫一号”过程中，向世界展现出的“极强的专业性和极高的热忱”；美国生物圈2号专家称赞团队“在空间生物再生生命保障技术领域的关键性贡献令人振奋不已”。

梦想成真

2013 年 11 月 19 日，“月宫一号”封舱运行，并在 2014 年农历大年初四开始了为期 105 天的密闭有人实验。

总设计师刘红说：“这次实验系统总的闭合度达到了 97%。”也就是说人所需要的所有物质 97%是循环再生的，只有 3%是外援的。

主要是肉类。“月宫一号”这次实验的居民，分工非常明确。“董琛主要负责培养小麦，这个任务非常重要，因为

“月宫一号”中，刘红教授在检查舱内的植物栽培

“月宫一号”中，青年教师谢倍珍博士在进行实验操作

在这里边一共有 69 平方米的种植面积，小麦占 40 平方米。小麦是最主要的粮食作物，种得好坏决定了舱里的人能不能吃饱，氧气是否充足。王敏娟负责 21 种作物中除小麦以外所有作物的栽培，此外，她还要负责做饭。对于这个系统来说，做饭很特殊，要从小麦粒开始去做。收获了小麦以后要把它磨成面，然后再去做面点。另外这个系统里边是不许爆

炒、不允许有油烟的，所以她要用蒸煮的方式或者水炒的方式做出可口饭菜。

舱长谢倍珍虽然是教师，也只是比两位博士生大两三岁。她除了负责舱内管理还要负责舱内最脏最累的工作——处理尿液粪便和植物废物并饲养黄粉虫，但她总是乐呵呵的，从无抱怨。让志愿者们一辈子也不会忘记的就是“吃虫”的经历：在“月宫一号”中需要饲养黄粉虫，等它们长到约2.5厘米大时，志愿者们必须把它们当作食物补充一定量的动物蛋白。董琛和王敏娟永远记得谢老师第一次收获黄粉虫的快

2014年春节期间，舱外团队成员坚守岗位，认真实验，并保证24小时值班

2014 年春节期间，舱外团队成员坚守岗位，认真实验，并保证 24 小时值班

乐和要吃下它的复杂心情，“真的难以形容”。

最感人的是舱内团队的协作和相互信任；舱外是 24 小时坚守值班岗位。2014 年春节期间，团队成员为了确保试验的圆满成功，全体自愿留在学校，无一缺席。邵玲智和董迎迎几乎每天都坚守在监控室。

105 天的密闭生活，舱内试验人员在舱内进行繁多的系统运行维护和实验操作，认真测试记录了上百种实验数据，并经受了长居密闭环境的生理适应和心理考验。

实验成功后，刘红体会了生命中“极大的满足感”，“那一刻，觉得这一生过得真值”。

刘红说：“我们的研究从2004年开始到2014年十年整，十年来很多青年才俊都投入到这项工作中，他们做了非常大的贡献。我们这次实验有人出名了，有的人没有出名，有的人留给这项事业的影像，永远是一个背影。但是大家都一样高兴，为什么？因为我们不是为了出名，而是为了梦想！”

2014
北京榜样
提名奖

[助人为乐] 任士荣 陈若林 宋薛礼 袁宝钧 王新锋和“新锋班”

[见义勇为] 周良震 郑 鹏

[诚实守信] 杨得永 赵翠香夫妇 曹中希

[敬业奉献] 王小谟 姜 颖 王克荣 王自殿 刘爱英 刘克锋 赵葆秀 邱 波 张乐泰 阴 凯 彭兴利 张 洋 降丽娟

[孝老爱亲] 张品明 任全来 熊猫摄影队 周荣夫妇 黄 迪 赵家五兄弟

[勤劳节俭] 杨洪璋 胡 钧 吴国璜 袁日涉

[热心公益] 佟丽华 林家丰 高庆仙 孙雪梅 陈 军 蓝 剑 曹一楠 屈 正 王 涛

[仁和友善] 李淑英 王荣贵 陈 红

[自强不息] 史晓慧 金伯宏 自 蓉

提名奖［助人为乐］

任士荣：最快乐幸福的人

陈若林：就想再多做点事

宋薛礼：开启平凡生活的快乐心锁

袁宝钧：还原历史老照片的巨擘

王新锋和“新锋班”：“的士英雄”

任士荣：最快乐幸福的人

北京榜样
2014

任士荣，1935年生，空政文工团国家一级演奏员。在抗美援朝前线冒着敌机轰炸为志愿军战士演奏手风琴；在世界青年联欢节上获得四枚金质奖章；是毛泽东等领导人联谊会上的首席乐手；是新中国手风琴事业泰斗级人物，开创了多项第一。耄耋之年，热心公益，为社区居民、残疾人义务授课。2011年，获得国际手风琴联盟“中国手风琴终身成就奖”。

陈若林：就想再多做点事

陈若林，1926 年生，公安部离休干部。生活节俭却乐于助人，住房从 1988 年入住就没装修过，2007 年还放弃了调整住房的机会。2008 年四川汶川地震发生后，将 28 万元房屋拆迁补偿款，购买成少儿图书，捐赠给灾区的 66 所小学。2013 年，向组织提出了“遗体捐献”的申请。

宋薛礼：开启平凡生活的快乐心锁

宋薛礼，1970 年生，北京市大兴区清源街道宋记修锁部负责人。10 平方米的修锁部，是他挣钱养家过上踏实日子的根据地，也是他志愿服务帮孤助残的大本营。是妻子心中体贴的丈夫，儿子眼里能干的父亲，更是大兴区学雷锋志愿者服务队里的一名骨干。22 年的平凡日子里，他通过开锁的方式，挽救了四十多条生命，被街坊邻居亲切地称为“救人锁匠”。

袁宝钧：还原历史老照片的巨擘

袁宝钧，1933年生，1950年入北京印钞厂，师从印钞泰斗柳溥庆，后成为照片修复专家。60岁退休后，自学电脑图片修复技术，免费为人修照片，让小保姆看到栩栩如生的祖母；通过真人模拟，恢复成原照，让邻居寄托对已逝父亲的哀思……十余年来，袁宝钧义务为社区居民修复照片三千余幅。

王新锋和“新锋班”：“的士英雄”

王新锋，1976年生，北京首汽（集团）出租车司机。2005年以来，坚持为老年人和残疾乘客义务服务，还带动“新锋班”多次参加社会公益、扶老助残献爱心、军民互助等活动，展示了首汽的哥“真心为宾客”的精神。

提名奖［见义勇为］

周良震：危难中彰显仁勇本色

郑　鹏：冰窟救人

周良震：危难中彰显仁勇本色

周良震，1962 年生，海正辉瑞制药有限公司公共事务与政策总监；北京黄枢微创骨伤中医医院注册医生。2014 年 4 月 10 日，周良震在杭州西湖遇到祖孙两人溺水，在紧急时刻，他不顾自己身体极差，毫不迟疑跳入水中，将二人捞救出，被杭州市见义勇为基金会授予“杭州市见义勇为积极分子”荣誉称号。

郑鹏：冰窟救人

郑鹏，1987 年生，北京首都机场航空安保有限公司安检员。2014 年 1 月 2 日，郑鹏下夜班开车回家，途经顺义潮白河附近时发现有人落水，立即下车营救，不料脚下冰面突然开裂，落入刺骨冰水中。他坚持游到落水者身边，经过十多分钟的努力，终于将落水者救上岸。在确认安全后，他悄悄离开了现场。

提名奖［诚实守信］

杨得永：双肩挑起情和义

赵翠香夫妇：感天动地养育情

曹中希：递出温暖的快递人

杨得永：双肩挑起情和义

杨得永，1965 年生，北京梨园镇刘老公庄村委会委员。1984 年入伍，1989 年春，同他一起参军的战友王亚军病故，留下年迈的双亲无人照顾。他始终不忘与战友的约定，双肩挑起情和义，像儿子一样照顾两位老人。

赵翠香夫妇：感天动地养育情

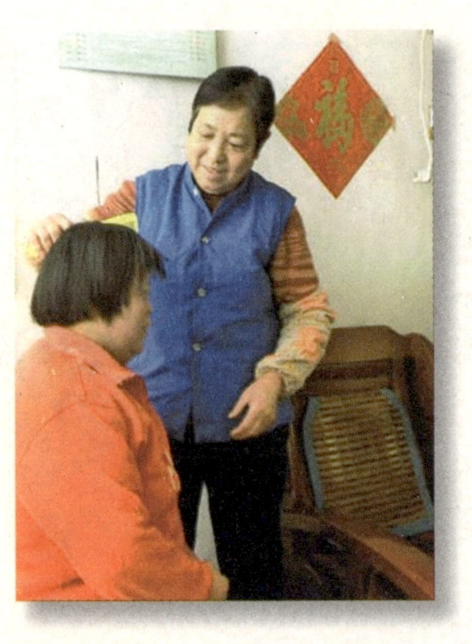

赵翠香，1951 年出生，北京市通州区梨园镇东小马村村民。1981 年，赵翠香与丈夫陈树清领养了一个女婴，后来发现有残疾。夫妻俩没有抛弃女孩儿，精心抚养陪伴着智障女儿 32 年。

曹中希：递出温暖的快递人

曹中希，1964 年生，圆通速递北京分公司快递员。自创了“老曹体”收送件短信，发自心底的关怀让不少收件人都心生温暖；设立了先期赔付基金，在收派件偶发失误时，第一时间将损失赔偿给客户；创造了按手机号排序的找件方法，保证在业务量剧增时有条不紊，大大提高工作效率；还不忘奉献社会，多次为贫困地区捐款捐物。2012 年获得全国五一劳动奖章，同年 9 月，在公司和学校的共同支持下，“圆通速递曹中希工作室”挂牌成立。

提名奖［敬业奉献］

王小谟：中国预警机之父

姜　颖：中国知识产权保护的领头人

王克荣：让艾滋病患者获得人间温暖

王自殿：大山信使

刘爱英：社区居民的大当家

刘克锋：根植在肥沃的京郊大地

赵葆秀：天道酬勤爱满心

邱　波：于敬畏与担当中呈现道义

张乐泰：留取丹心照汗青

阴　凯：爱岗敬业　诚实守信的好医生

彭兴利："全天候村官"

张　洋：愿逝者在天堂享受安宁

降丽娟：为了盲人重见光明

王小谟：中国预警机之父

王小谟，1938 年生，中国预警机之父。从事雷达研制五十余年，是我国著名的雷达专家、现代预警机事业的奠基人和开拓者。1995 年，当选中国工程院院士，2012 年荣获国家最高科学技术奖。先后培养出 18 位中国预警机系统和雷达系统总设计师，他把一生都献给了所挚爱的事业。

姜颖：中国知识产权保护的领头人

北京榜样 2014

姜颖，1968 年生，北京市第一中级人民法院知识产权庭副庭长。她的判决，令微软、苹果、爱普生、西门子等国际大公司折服，树立了我国知识产权保护的国际形象；20 年来，她审理了 1400 余起知识产权案，无一起错判，无一起上访信访。

王克荣：让艾滋病患者获得人间温暖

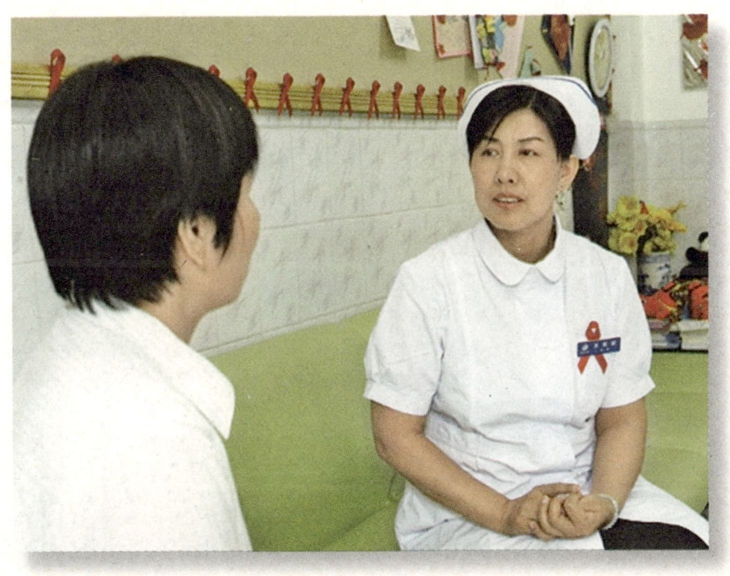

王克荣，1963 年生，北京地坛医院红丝带之家护士长。从事医护工作 30 年，接触过二十多种传染病；她的手机存有七百多个艾滋病患者的电话，并深得患者的信任。她走遍全国艾滋病重点高发区，培训艾滋病基层护理员万余人，培养了大批艾滋病志愿者和同伴教育员；她总结了一套适合中国国情的艾滋病门诊护理模式。

王自殿：大山信使

王自殿，1958 年生，门头沟区大台邮政所邮递员。作为邮政所唯一的邮递员，他深山送信 17 年，累计投送了近 300 万份报刊，16 万份邮件，处理疑难信件近 3 万件，行走里程超过 12 万公里，相当于绕地球 3 圈。他至今依然保持着投递零误差的纪录。

刘爱英：社区居民的大当家

刘爱英，1971 年生，朝阳区芍药居二社区党委书记兼居委会主任。结束了小区十几年没有居委会的混乱；发挥党组织的先锋模范作用，引导社区正能量；不辞辛苦走遍社区四千余户家庭；雷厉风行解决小区居民的诉求；想方设法转变农民入城旧观念，防止他们由拆迁致富又挥霍返贫。

刘克锋：根植在肥沃的京郊大地

刘克锋，1955 年生，北京农学院教授。20 年来，带领研究团队扎根京郊大地，致力于畜禽粪污处理，成绩斐然，研发了高效率、低成本、易操作的高温堆肥和干法厌氧发酵成套技术；建立了具有自主知识产权，集畜禽粪便、废水处理和粪污资源深度开发利用为一体的成套设备工艺技术体系。将“京郊养猪第一村”变为“北京最美的乡村”；把牛粪变宝，让 800 亩牛养殖小区再现青山绿水。

赵葆秀：天道酬勤爱满心

赵葆秀，1948 年生，北京京剧院表演艺术家。她让“弱行”老旦焕发青春；拖着病躯之身，为学生们指导授课；对京剧票友倾注大量心血；为贫困学生捐资助学，在四川汶川、玉树地震中更是带头捐款捐物，不顾身体，参加慰问演出。

邱波：于敬畏与担当中呈现道义

北京榜样 2014

邱波，1978年生，北京市二中院刑二庭代理审判长。8年的法官生涯，邱波屡审大案、要案，原铁道部部长刘志军受贿、滥用职权案，首例外国人职务犯罪案，石柏魁故宫盗窃案……从他手上审结的案件超过400件，无一错案，人送绰号“铁案法官”。他在审理过程中，创造性地提出了“一条线、三极致”的工作法，秉承公正廉洁的优良作风，以最严格的标准办理，经受住了考验。

张乐泰：留取丹心照汗青

张乐泰，1974年生，北京市公安局昌平分局预审大队民警。他在部队是技术能手，爱兵模范；复员后加入公安队伍，破案不畏艰难，善于顺藤摸瓜，挖出串案；因为心细如发，避免了错案发生；他的个人生活非常简朴，帮助邻里从不嫌麻烦，是邻居眼中的好街坊。

阴凯：爱岗敬业　诚实守信的好医生

北京
榜样
2014

阴凯，1958 年生，北京电力医院重症医学科主任。行医 33 年中，曾遇 5 人群体性烧伤，每人烧伤面积达 95%，是阴凯所在烧伤科，让 4 人奇迹般存活；一位河北老乡的 3 岁儿子被开水烫伤，别家医院拒之门外，是阴凯让孩子起死回生；更有一位 105 岁老人生命垂危，因为怕担责任，其他医院不敢收，是阴凯施与援手，让老人转危为安……

“全天候村官”彭兴利

彭兴利，1960年生，怀柔区喇叭沟门满族乡中榆树店村党支部书记。工作中始终有一股冲劲：从带头养牛，到建起两个养殖区；从发展果园，到推动民俗旅游；从率先拆老屋，到监督完成全村的拆迁计划……在他的带领下，这个深山小村一步步走向富裕。2011年，带领村民致富的彭兴利获得了“全国身边好人”荣誉称号。

张洋：愿逝者在天堂享受安宁

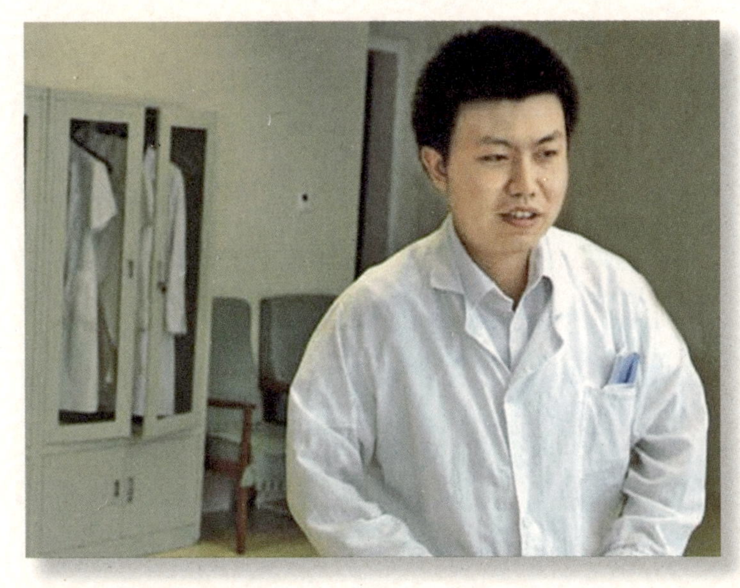

北京榜样 2014

张洋，1982 年生，北京八宝山殡仪馆整容师。他为维和烈士整容，满怀敬意；对悲伤过度纠缠不清的家属，委曲求全；看到耄耋之年喜丧的老人，祝福他们一路走好……至今，张洋已为三千余名逝者整容。

降丽娟：为了盲人重见光明

降丽娟，1950年生，中国医师学会常务理事。她从北大医学部毕业后放弃在大医院工作的机会，来到北京顺义区医院，致力于防盲治盲；创立简便易行的小切口白内障手术，更好地服务基层群众；17次组织国家医疗队，深入老少边穷地区巡回义诊，做了7万多例免费眼科手术。

提名奖［孝老爱亲］

张品明：如山的父爱

任全来：老吾老以及人之老

熊猫摄影队：为着留下珍藏的记忆

周荣夫妇：滴水之恩涌泉相报

黄　迪：顽强让她撑起这个家

赵家五兄弟："老人幸福就是我们的最大幸福"

张品明：如山的父爱

张品明，1960年生，河北人，家住顺义区北小营镇仇家店村。年过五旬的张品明，看起来比实际年龄年长许多。成为“父亲”二十余年，他以如山般深沉的爱呵护着两个毫无血缘关系的孩子。风霜饥寒，他替孩子挡住；清贫劳累，他一肩担当；仅有初中学历、没有专业技能，凭着打零工赚钱，用一颗慈爱坚强的心、一双粗糙有力的手，将两个孩子抚养成人。

任全来：老吾老以及人之老

任全来，69岁，石景山区高井社区退休职工。任全来夫妇，孝老爱亲，20年如一日，赡养三家六位老人及四个孩子。特别是再婚妻子前夫的父母，与任全来非亲非故，仍然不离不弃，让92岁的婆婆安享晚年。

熊猫摄影队：为着留下珍藏的记忆

在北京，活跃着一支热心公益的“熊猫摄影队”，成立于2011年6月。队长李明顺，绰号“熊猫”。两年来，“熊猫摄影队”已义务为万名老人拍摄了万幅照片；而“熊猫大讲堂”也已培训老年摄影爱好者逾500名。摄影队计划将为北京20万名老人义务拍照。

周荣夫妇：滴水之恩涌泉相报

周荣，1939年生，朝阳区香河园街道居民。周荣夫妇大女儿出生时，由王志华帮忙照料三年。数年后，孤寡老人王志华被周荣夫妇接到家中赡养。古稀之年老人患了肺心病，要用氧气维持生命，周荣一家每月花5000元购买氧气，日夜看护。周荣一家始终陪伴着她，直至老人安然辞世。

黄迪：顽强让她撑起这个家

黄迪，1989 年出生，北京银行前门支行员工。7 岁时母亲患了乳腺癌，12 岁时父亲因公殉职；她一边读书，一边与母亲照顾着四位老人。她在学校是优秀班干部，学习优秀，乐于助人；她在社区是好居民，用人生第一笔工资孝敬 35 位老人；她用乐观向上的精神，化解了生活中的不幸。

赵家五兄弟："老人幸福就是我们的最大幸福"

北京市密云县十里堡镇赵彦西老爷子有五个儿子。赵家五兄弟 19 年照顾孤寡邻居杨家老人；五兄弟不但给老两口盖了新房，还赡养着老人，承担着衣食住行、医疗以及零花钱；五兄弟还排班轮流陪老人聊天排解寂寞……他们的善良、纯朴和孝心，天地可鉴。

提名奖［勤劳节俭］

杨洪璋：校园里的“爱心捐助站”

胡　钧：绿色环保达人

吴国璜：从用水大户到节水大王

袁日涉：爱心做一件事

杨洪璋：校园里的“爱心捐助站”

杨洪璋，1935 年生，北京物资学院退休教师。十多年来，他发扬艰苦奋斗的作风，回收学生不用的书本、教材和衣物，经过细心整理，定期送到河北省万全县贫困学生的手中；他勤劳节俭、扶贫助教的精神，得到赞扬。

胡钧：绿色环保达人

胡钧，1945 年生，北京广安中学退休教师。退休十多年来，胡钧一直热衷于低碳科普宣传和节能环保研发，共获得 22 项建筑环保材料的专利技术，把自己家改造成全国第一个含有百项节能技术的“低碳小屋”。目前“低碳小屋”已接待海内外参观者近万人，接待新闻媒体近百家。他在机关、社区办过三百多场科普讲座，宣传低碳环保的生活理念。

吴国璜：从用水大户到节水大王

吴国璜，1926 年生，北京交通大学原后勤节能办主任。59 岁时他被点将主抓节水工作；明堵洗衣、洗澡、如厕用水，暗堵管道渗漏；在高校率先开发中水利用，收集雨水进入人工湖；主持研制的节水器具，得到大面积推广应用；他还言传身教学生善待每一滴水；被称为“节水大王”、“节水工作老标兵”。

袁日涉：爱心做一件事

袁日涉，1993 年生，首都师范大学大三学生，2014 年被评为“北京环保明星”。从 1999 年发起“一张纸”活动至今，坚持并带动青少年开展植树、节水、爱鸟、限塑、阻击 PM2.5 等环保活动已 15 年，参加志愿服务的同学多达 138 万人次。2013 年 6 月，她利用自己的碳汇捐款和北京绿化基金会领导的个人捐款支持，组建了“绿之梦”苗圃，为北京市学校和社区提供以废换绿、见缝插绿的树苗。袁日涉获得“中国十大杰出志愿者”等诸多荣誉。

提名奖［热心公益］

佟丽华：播洒法治与正义的阳光

林家丰：追寻飞天梦想的人

高庆仙：做好事快乐无限

孙雪梅：用青春双翼护佑　让女童远离伤害

陈　军：倾听民工心中的呐喊

蓝　剑：心系少数民族贫困孩子

曹一楠：你为我的心灵打开一扇窗

屈　正：天路漫漫博爱深

王　涛：都市里的啄木鸟

佟丽华：播洒法治与正义的阳光

佟丽华，1971 年生，北京市致诚律师事务所主任、北京青少年法律援助与研究中心主任、北京致诚农民工法律援助与研究中心主任。15 年来，佟丽华及其带领的致诚公益律师团队，向全国超过 43 万未成年人、农民工、妇女等困难群众提供了免费法律服务，为农民工讨回欠薪、工伤赔偿款近 4.3 亿元，有效化解了大量可能引发恶性案件或群体性事件的社会矛盾，被誉为“中国公益律师领军人物”。

林家丰：追寻飞天梦想的人

林家丰，1936年生，原航天科工集团七院工程师。在岗期间，他曾连续数年向宋庆龄基金会捐款；1996年退而不休，连续18年向航天七院捐款68万元；2010年，航天七院设立了“林家丰青年科技奖励基金”，以表彰青年设计人才。78岁时，终于实现了入党的愿望。

高庆仙：做好事快乐无限

高庆仙，1945 年生，朝阳区劲松九区居民。1998 年她曾化名捐助湖北聋哑特教班以及黑龙江失明农民李长福一家；在社区，乐于助人，扶贫救困，捐款捐物；在她的带动下，养老院七十多岁的老人写了入党申请书；她雪中送炭，让素昧平生的来京游人喊出“首都北京，处处有亲人。”

孙雪梅：用青春双翼护佑　让女童远离伤害

北京榜样
2014

孙雪梅，1984 年生，京华时报社时事新闻部记者。2013 年 6 月 1 日，联合近百名女记者，发起了“女童保护”公益项目。该项目以“普及、提高儿童防范意识”为宗旨，致力于保护儿童远离性侵害。一年间，身怀六甲的孙雪梅一直为此努力奔波。截至 2014 年 7 月，“女童保护”已在 17 个省份相继开课，发放“防性侵”手册超过 10 万份，培训志愿者 940 余人；两次发布《儿童安全教育及相关性侵案件情况报告》，引发全国性反响。

陈军：倾听民工心中的呐喊

陈军，1970 年生，河北省张家口市察北区沙沟镇丁家梁村人。长年在北京打工。2003 年开通“烦忧热线”倾听民工心声；2009 年在京开办“新居民儿童文化活动中心”，对民工子弟提供帮助。他是打工者子女早期教育的践行者。

蓝剑：心系少数民族贫困孩子

蓝剑，1966年生，中央民族歌舞团朝鲜族男高音歌唱家、国家一级演员。2000年8月的一次随团慰问演出，他看到了有些少数民族地区的贫困孩子上不起学，决心尽自己所能去帮助他们。到目前为止，他直接资助的贫困孩子有91名，其中53名是少、小民族的贫困孩子。资助中，他看到很多孩子具备艺术天赋，在湖北省十堰市竹山县等地区创办了蓝剑希望艺术学校、继光蓝剑希望小学，好让贫困地区的孩子也能得到专业的艺术培养。

曹一楠：你为我的心灵打开一扇窗

曹一楠，1978 年出生，北京电视台新闻节目中心主持人。2007 年投身公益事业，2008 年奥运会、残奥会期间，他和 2011 年北京榜样、心目影院创始人王伟力共同为盲人解说比赛，陪同盲人朋友触摸参观奥运场馆。此后，他为“盲童”策划“爱之声”有声读物项目，邀请北京广播电视台八位主持人录制古今中外文学名篇，赠送全国特殊教育学校，为盲人朋友打开心灵的一扇窗。

屈正：天路漫漫博爱深

北京榜样 2014

屈正，1962 年生，中国煤炭总医院副院长。他出生于中医世家，曾留学美国，放弃高薪返回祖国；三次创建心脏病治疗区，医术高超，医德高尚；带队深入西藏，救治藏族先心病儿童；开创“屈正爱心网”、“屈正爱心基金会”，发动文艺界和社会爱心人士以及多家医院，共同救助先心病儿童。

王涛：都市里的啄木鸟

王涛，1971 年生，绿色啄木鸟组织创始人。2006 年 5 月，开始投身公益事业，劝阻、制止随地吐痰、乱闯红灯、在公共场所大声喧哗等不文明行为，像啄木鸟保护森林一样，保护着城市的环境。一个人的力量不够，就号召大家一起来保护环境。他自筹资金 5 万元建立网站、创建绿色啄木鸟组织，带领更多人加入到公益志愿服务中来。曾获得 2011 年首都彩虹心慈善优秀个人、2012 年北京市节能先进个人、2013 年最美北京人身边雷锋标兵、2014 年十大感动社区人物等荣誉称号。

提名奖［仁和友善］

李淑英：情暖乡邻　大爱托起残缺家庭

王荣贵：义务为老人送终二十载

陈　红：营建爱的港湾

李淑英：情暖乡邻　大爱托起残缺家庭

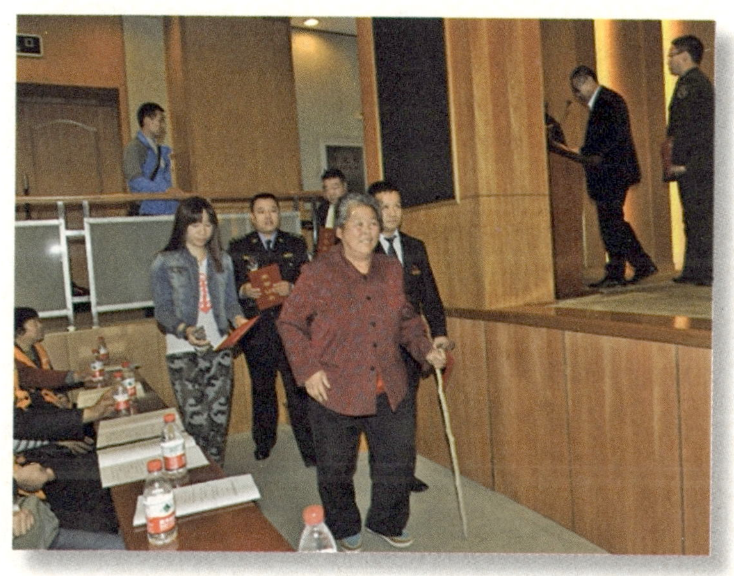

李淑英，1946 年生，昌平区流村镇古将村农民。1985 年，见两代智障的邻家无力抚养新生儿，她抱回婴儿并起名“来顺”，从此承担起抚养重任。1994 年，来顺的父亲因车祸去世，一年后爷爷奶奶也相继去世；她又把来顺智障的妈妈也接到了自己的家中。二十几年间，面对无数磨难，包括丈夫去世后担子落在她一个人肩上，她始终不改初衷；直至为来顺娶上媳妇，用人间大爱诠释了世间真情。

王荣贵：义务为老人送终二十载

王荣贵，1954 年生，房山区拱辰街道北京电力设备总厂社区主任。二十年如一日，义务为社区千余过世老人送终料理后事；为逝者和家庭送去关怀和温暖，被称为“公共大孝子”；他还服务逝者在世的亲人，尽全力照顾他们，让逝者了无牵挂。

陈红：营建爱的港湾

陈红，1967 年生，丰台区丰台街道公共文明引导员。自 2009 年 1 月担任公共文明引导员后，她把乘客当成自己的亲人，热心为乘客服务。她坚持三年护送小学生圆圆上学、坚持近两年护送有尿毒症的王阿姨去医院透析。在文明引导的同时，还自制“便利贴”，热心为乘客指路；被评为北京市星级公共文明引导员。

提名奖［自强不息］

史晓慧：太阳花的微笑

金伯宏：摄影师　收藏家　慈善家

自　蓉：为爱护航的“80后”女生

史晓慧：太阳花的微笑

史晓慧，1977 年生，北京通州聋人培训学校副校长。出生 5 个月时，她因医疗事故成为失聪儿。儿时的她涂鸦成趣，在北京第二聋哑学校，几度遇见恩师并得到真传，绘画天赋得以施展；数年间创造出多幅佳作，获得一系列奖项和荣誉；成名后，热心公益事业，实现“以艺助残”的夙愿。

金伯宏：摄影师　收藏家　慈善家

北京榜样 2014

金伯宏，1947 年生，中国摄影家协会会员，北京世界公园的策划人和建设者。1993 年，一场车祸导致他高位截瘫。随后，靠着两根手指敲击键盘出书，并把稿费全都捐出，帮助残疾孩子重拾对生活的渴望。

自蓉：为爱护航的“80后”女生

自蓉，1984年生，“蓓蕾护航”公益组织的创始人。是从事公益事业的“80后”，也是一位脑血管肿瘤患者。2009年4月，个人出资创建“蓓蕾护航”慈善公益组织，成立助幼、助医、助教、助学、敬老、环保的志愿者队伍，目前拥有志愿者1400多人，开展爱心活动600多场次，累计志愿服务时间60000多小时。

后　记

《平凡中的力量——北京榜样主题活动五周年人物风采录》是"北京榜样"大型主题活动开展五年来的集中成果展示，为响应《中共北京市委关于开展向"北京榜样"优秀群体学习活动的决定》精神，由人民出版社出版发行。在丛书编辑过程中，我们成立了编委会，统一协调各项工作。为了使本书顺利出版，中共北京市委宣传部、首都精神文明建设委员会办公室、各区县精神文明建设委员会办公室等有关单位给予了大力支持；李恒、夏青、杜维伟、张程、孙旭同志对编辑撰写提供了宝贵的意见；北京艺品联盟文化传媒有限公司做了大量的联络协调工作；人民出版社的领导及其有关同志在编辑出版过程中花费了很大精力；热心公益事业的福建永定籍书法家游鸿增同志为本书题写了书名。在此，对所有参加此项工作并付出劳动的单位和同志们、朋友们致以由衷的敬意和深深的感谢。

由于我们水平有限，书中难免出现疏漏和错误，望请大家不吝指正。

本书编委会

2019 年 3 月